W0323945

Desktop-Knigge

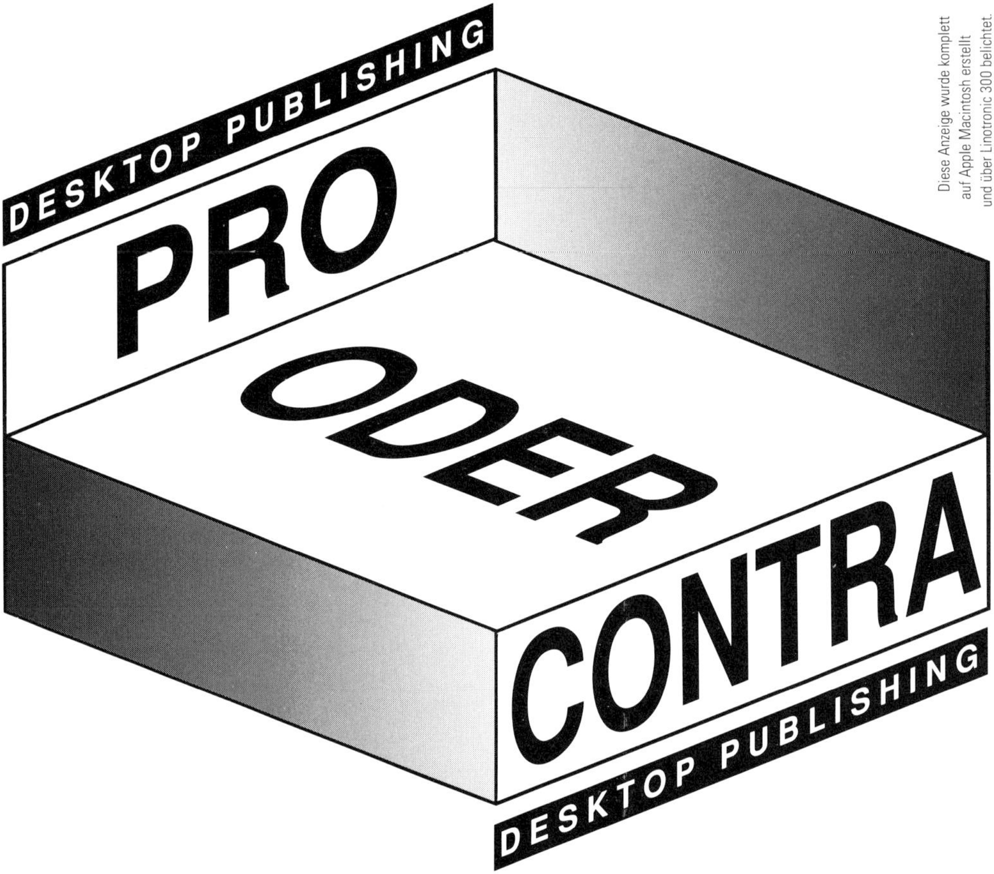

Diese Anzeige wurde komplett auf Apple Macintosh erstellt und über Linotronic 300 belichtet.

Linotype macht Desktop Publishing druckreif

Linotype zeigt allen Anwendern neue Wege zum neuen Geschäft

Nutzen Sie unser Angebot, Pro oder Contra für Ihr eigenes Geschäft zu klären. Lernen Sie gleichzeitig unsere praxisbewährten Hard- und Software-Lösungen kennen. Denn eines ist sicher – die neue Technologie eröffnet Ihnen neue Wege. Und wenn Sie bereits eine Linotronic 100 oder Linotronic 300 besitzen, können Sie erfolgreich in das neue Geschäft einsteigen. Denn beide Laserbelichter sind als einzige voll PostScript-fähig. Das heißt, Linotype-Laserbelichter können alle in PostScript auf dem Macintosh oder PC erstellten Seiten mit Text, Bild und Grafik auf Fotomaterial und sogar direkt auf Druckfolien ausbelichten. Inzwischen gibt es über 600 Programme, die Linotype-Laserbelichter ausgeben können. In Top-Qualität, die Ihnen unschlagbare Vorteile sichert.

Linotype AG
Mergenthaler Allee 55–75
6236 Eschborn bei Frankfurt

Linotype

Philipp Luidl

Desktop-Knigge

Setzerwissen
für
Desktop-Publisher

te·wi

Impressum

Verfasser: Philipp Luidl

Alle Rechte vorbehalten. Ohne ausdrückliche, schriftliche Genehmigung der Herausgeber ist es nicht gestattet, das Buch oder Teile daraus in irgendeiner Form durch Fotokopie, Mikrofilm oder ein anderes Verfahren zu vervielfältigen oder zu verbreiten.
Dasselbe gilt für das Recht der öffentlichen Wiedergabe.

Abbildungsnachweis

Seite 112 Design Walter Tafelmaier, Ottobrunn
Seite 116 Japankalender Design Helmut Schmid, Osaka
Seite 124 Design Linotype, Eschborn
Seite 126 Design Büro SchwaigerWinschermann, München
Seite 138 Design Büro Erhardt + Leimer KG, Augsburg
Seite 144 Design Theodor Wenger, Konstanz
Seite 164 Design Mendell + Oberer, München
Alles andere, ausgenommen die Seiten 114 und 146 sind Arbeiten des Verfassers.

© Copyright 1988
by te-wi Verlag GmbH

Herausgeber:
te-wi Verlag GmbH, Theo-Prosel-Weg 1
8000 München 40

Gesamtherstellung:
technik marketing, München
tm 5196/4883.0
Printed in W.-Germany
ISBN 3-921803-85-3

Vorwort

Fast alle beherrschen das Alphabet, aber die Zahl derer, die unsere Schrift beherrschen, ist beschämend gering. Es sind allenfalls Setzer, Typographen und Graphiker. Dabei meint jeder, der schreiben kann, er könne auch Schrift gestalten. Und die Werbung für Desktop-Publishing-Systeme trägt das ihre zu dieser Meinung bei.
Mit dem vorliegenden Buch will ich Desktop-Publishern das traditionsreiche und gewachsene Wissen von Schrift-Fachleuten darstellen, damit sie mit ihren DTP-Systemen mehr machen können, als nur Texte elektronisch schreiben und verwalten – nämlich auch Schrift setzen und Seiten gestalten. Denn Schrift kann einen Text ebenso zugrunde richten wie ihn vollenden.
Ich begrüße, daß gerade ein Verlag für PC-Literatur, hier vertreten durch Michael Mackel im te-wi-Verlag, die Notwendigkeit eines Buchs über den sensiblen Umgang mit Schrift hat erkennen können und mit diesem Buch der neuen Kultur des Desktop-Publishings den großen alten Wissensschatz der Schrift-Fachleute zugänglich macht.

Philipp Luidl

Inhalt

Inhalt

In

Instruktion

cm

p

Pica

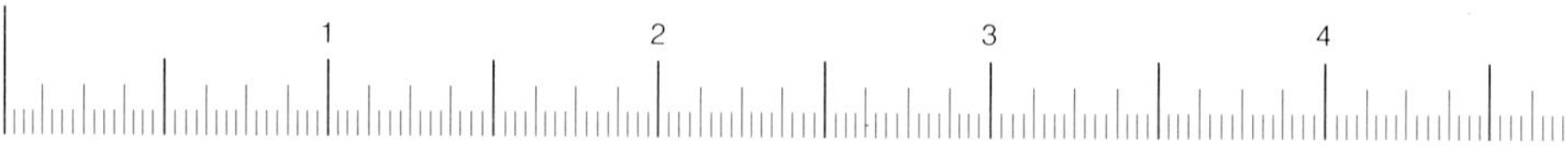

Inch

Das metrische System	1 Meter	= 10 Dezimeter
	1 Dezimeter	= 10 Zentimeter
für Papiermaße und Schriftmaße im Fotosatz	1 Zentimeter	= 10 Millimeter

Das typografische System	1 Konkordanz	= 4 Cicero
	1 Cicero	= 12 Punkt
für Schriftmaße im Blei- und Fotosatz	1 Punkt	= 0,375 Millimeter

Das Pica-System	1 Fuß	= 12 Inch
	1 Inch	= $\frac{1}{6}$ Pica
für Composersatz	1 Pica	= 12 Punkt
(Schreibsatz)	1 Punkt	= 0,352 Millimeter
		= $\frac{1}{72}$ Inch

Das Inch-System	1 Fuß	= 12 Inch
	1 Inch	= 25,4 Millimeter
für Computersatz (Endlosformulare)		

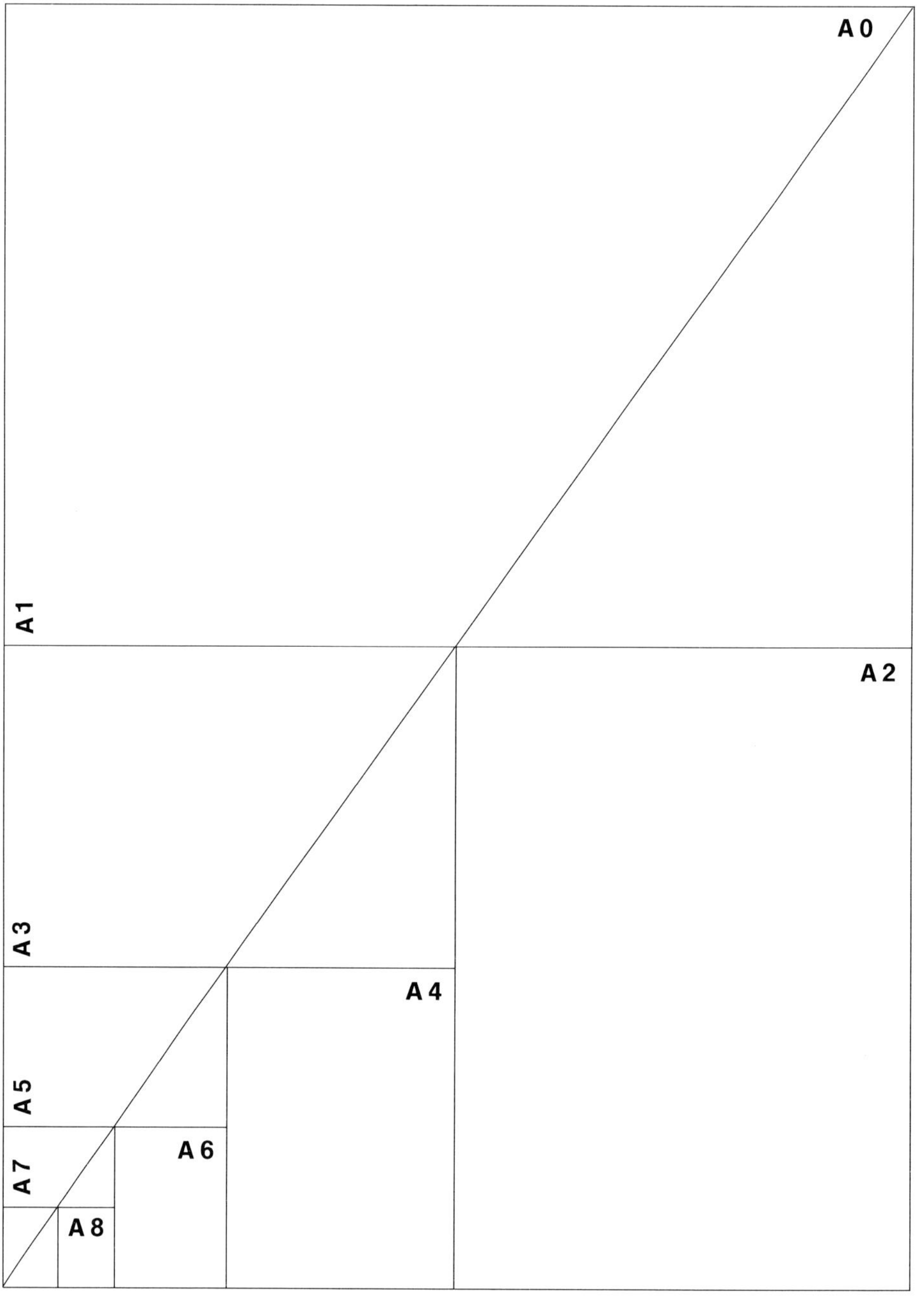
A 0
A 1
A 2
A 3
A 4
A 5
A 6
A 7
A 8

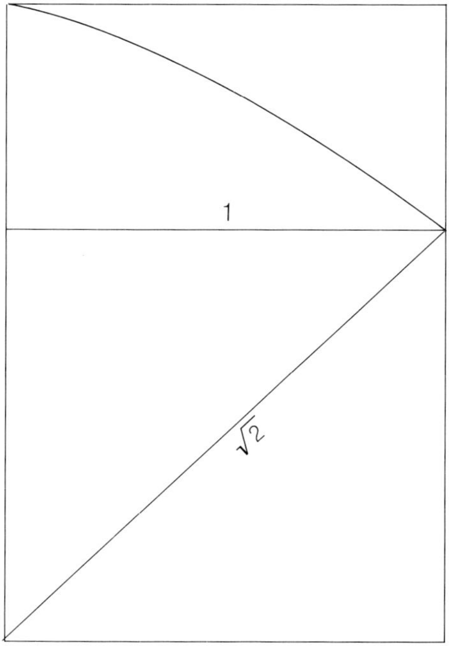

Die Ausgangsgröße der DIN-Formate ist ein Rechteck von 1 m^2 Fläche, dessen Kanten sich zueinander verhalten wie die eines flächengleichen Quadrates zu ihren Diagonalen, also $1 : \sqrt{2}$. Aus diesem Ausgangsformat DIN A 0 mit den Abmessungen 841x1189 mm folgen alle übrigen DIN-A-Formate durch Halbieren der jeweiligen Formathöhe. Aus DIN A 0 (841 x 1189 mm) entsteht durch Halbieren der Höhe 1189 als nächst kleineres Format DIN A 1 (594x841 mm). Die Breite des vorangegangen Formats bildet jeweils die Höhe des nachfolgenden. Die gesamte Formatreihe läßt sich ohne Papierverlust aus dem Ausgangsformat ableiten.

DIN B ist für Bücher gedacht; in DIN-C-Formate für Aktendeckel, Mappen und Briefhüllen passen die DIN-A-Formate ungefaltet. DIN D sind Sonderformate.

DIN **A**	Breite mm	Höhe mm
0	841	1189
1	594	841
2	420	594
3	297	420
4	210	297
5	148	210
6	105	148

DIN **C**	Breite mm	Höhe mm
0	917	1297
1	648	917
2	458	648
3	324	458
4	229	324
5	162	229
6	114	162

DIN **B**	Breite mm	Höhe mm
0	1000	1414
1	707	1000
2	500	707
3	353	500
4	250	353
5	176	250
6	125	176

DIN **D**	Breite mm	Höhe mm
0	771	1090
1	545	771
2	385	545
3	272	385
4	192	272
5	136	192
6	96	136

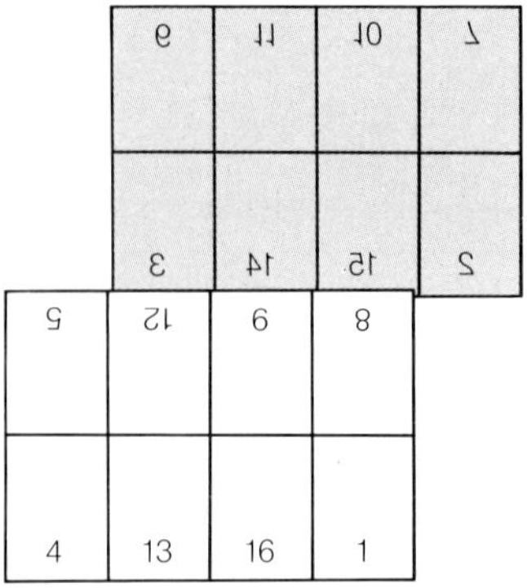
6 11 10 7
3 14 15 2
5 12 9 8
4 13 16 1

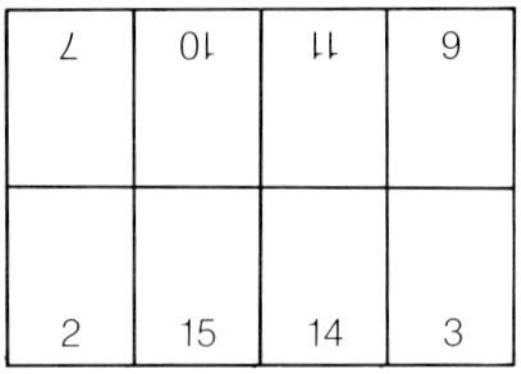
7 10 11 6
2 15 14 3

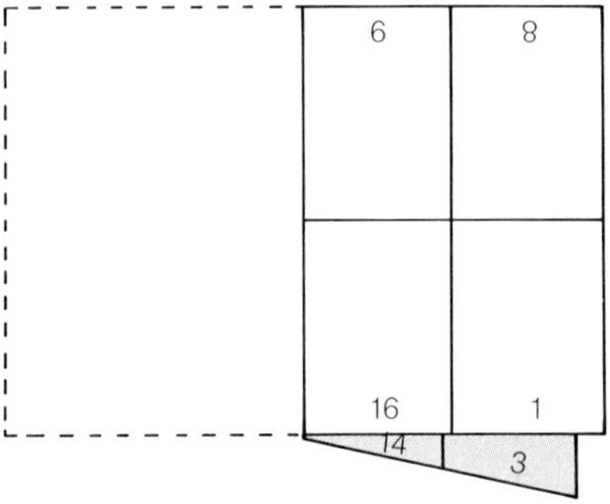
6 8
16 1
14 3

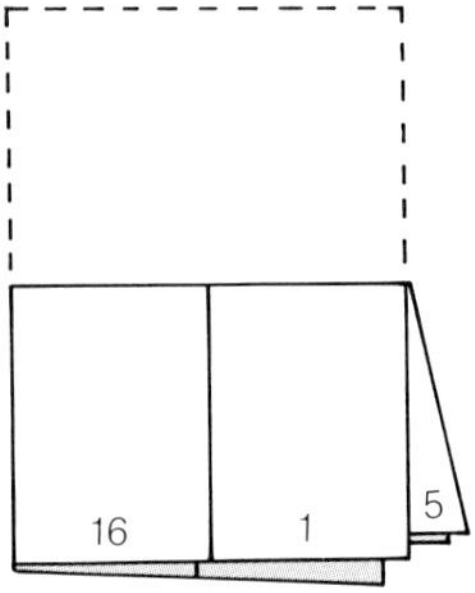
16 1 5

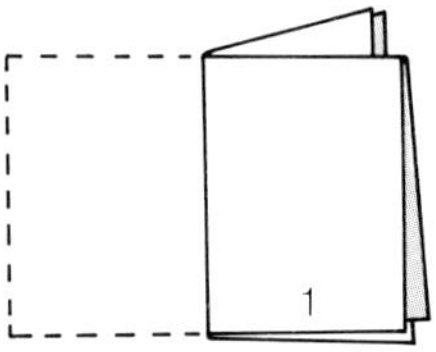
1

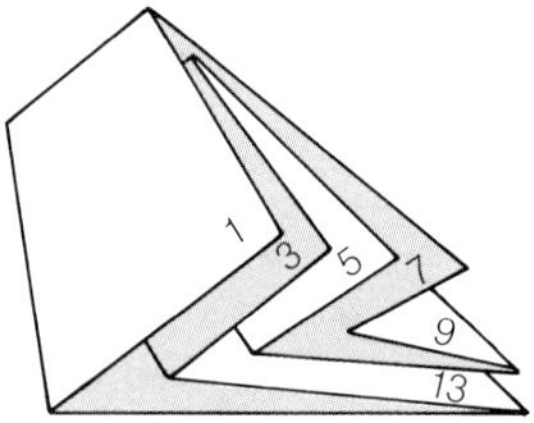
1 3 5 7 9 13

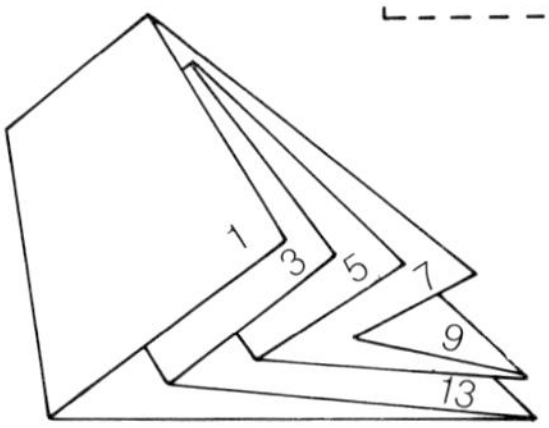
1 3 5 7 9 13

Der Bogen

In der Regel besteht er aus 16 Seiten. In unserem Fall wurden 8 Seiten im ersten Durchlauf gedruckt. Man nennt den ersten Druckgang auch Schöndruck oder äußere Form. Sie ist auf der Zeichnung weiß. Im zweiten Durchlauf wird die Rückseite des Bogens bedruckt. Dieser Druckgang wird Widerdruck oder innere Form genannt. Auf unserer Zeichnung grau.

Der erste Falz

Der Bogen wird in der Falzmaschine vertikal so geknickt, daß die Widerdruckhälften (grau) aufeinander zu liegen kommen. Die Seiten der sogenannten inneren Form liegen nun tatsächlich innen, die der äußeren Form außen.

Der zweite Falz

Hier wird der Bogen horizontal geknickt. Die Seiten 4, 5, 12, 13 kommen aufeinander zu liegen, so daß nur noch die Seiten 1, 8, 9, 16 zu sehen sind.

Der dritte Falz

Nun wird der Bogen noch einmal vertikal gebrochen, weshalb man hier auch von einem Dreibruch-Kreuzfalz spricht. Es kommen die Seiten 8, 9 aufeinander zu liegen. Sichtbar bleiben die Seiten 1, 16.
Hat man beispielsweise einen 16seitigen Prospekt mit farbigen Bildern zu drucken, so sollten diese entweder auf den Seiten der weißen oder der grauen Form untergebracht werden, so daß eine Seite des Bogens einfarbig bleibt. Dadurch spart man drei Druckgänge.

Hochformat

Querformat

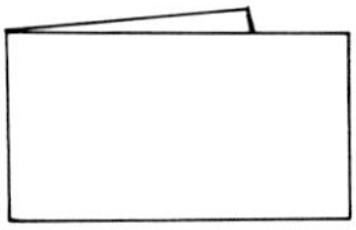

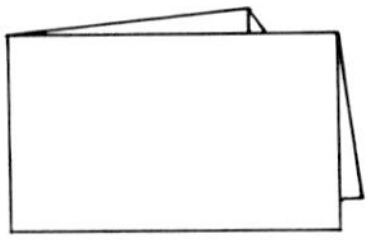

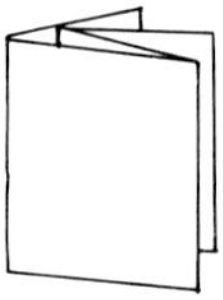

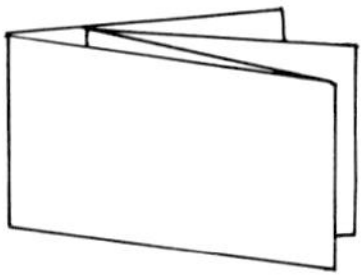

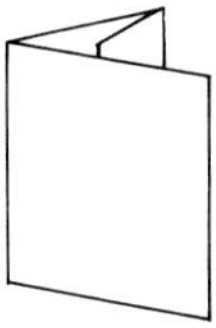

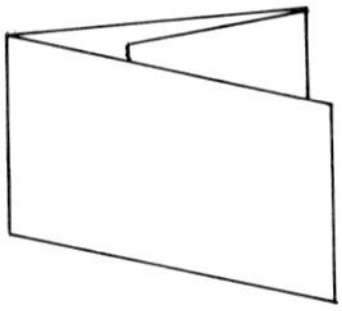

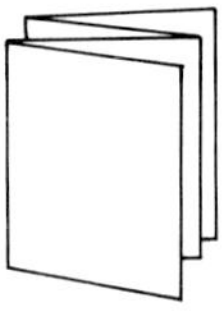

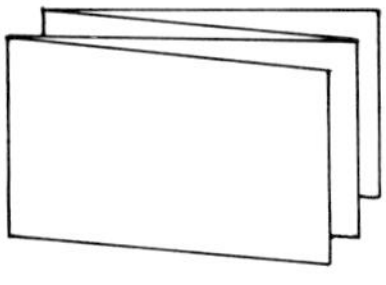

Formate	Ist der obere Papierrand kürzer als der seitliche, dann spricht man von »Hochformat«. Beim »Querformat« ist der obere Papierrand länger als der seitliche.
Einbruchfalz	Wird ein Bogen einmal gefalzt, dann ergeben sich 2 Blatt oder 4 Seiten.
Zweibruch-Kreuzfalz	Wird ein Bogen zweimal, und zwar kreuzweise, gefalzt, ergibt das 4 Blatt oder 8 Seiten, die am Kopf (oberen Rand) zusammenhängen.
Parallelfalz	Wird ein Papierstreifen derart zweimal gefalzt, daß die »Brüche« parallel liegen, entstehen wiederum 4 Blatt oder 8 Seiten.
Wickelfalz	Wird ein Streifenformat zweimal gefalzt, dabei das hintere Blatt nach innen unter das vordere Blatt geschlagen, erhalten wir 3 Blatt oder 6 Seiten.
Zickzack- oder Leporellofalz	Bei dieser Falzart wird ein Papierstreifen zieharmonikaartig gefalzt. Er wird verschiedentlich auch »Zieharmonikafalz« genannt. Die Anzahl der Brüche ist nicht festgelegt.

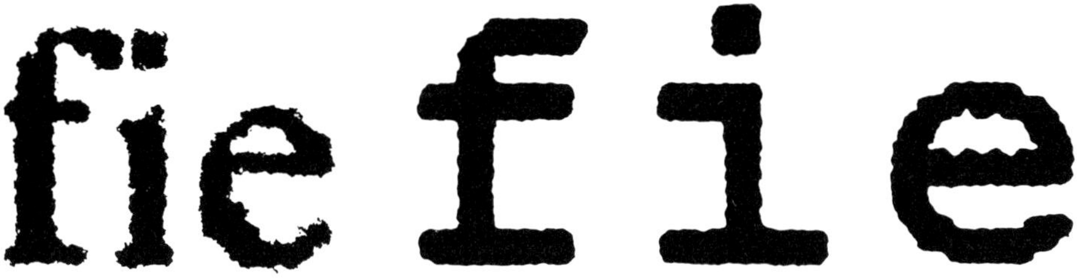

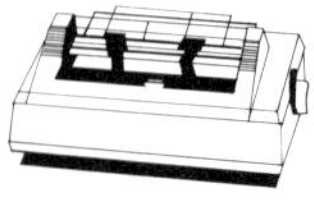

Matrixdrucker

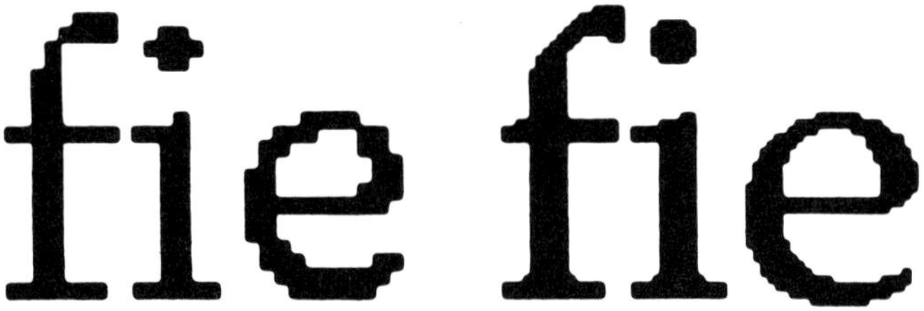

200 dpi 400 dpi

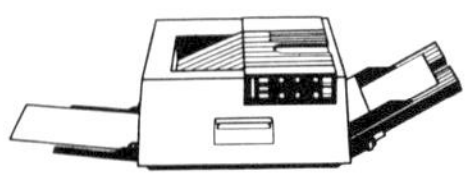

Laserdrucker

1250 dpi 2500 dpi

Laserbelichter

Drucker und Belichter in DTP-Systemen geben Schriftzeichen mittels Rasterpunkten wieder. Die Punktdichte wird in »dpi« (dots per inch = Punkte je 2,56 cm) oder in »Linien je Zentimeter« angegeben. Die nebenstehenden Vergrößerungen einer etwa 13 Punkt Schrift, wie sie Matrixdrucker (24 Nadeln), Laserdrucker und Laserbelichter liefern, sollen eine qualitative Vorstellung geben.

Matrixdrucker
Tinten- und Nadeldrucker arbeiten gewöhnlich mit Punktdichten, die kein zufriedenstellendes Schriftbild ergeben. Bei geeigneter Software sind jedoch für viele Fälle ausreichende Auflösungen bis zu 360 dpi erreichbar.

Laserdrucker
Laserdrucker erreichen heute Auflösungen von bis zu 600 dpi. Schon bei typischen Werten von 300 dpi sind für die meisten Fälle ausreichende Schriftbilder, selten jedoch ausreichende Rasterbilder erreichbar.

Laserbelichter
Laserbelichter erreichen extreme Auflösungen von 2500 dpi (Linotronic), wie sie insbesondere für nuancierte Wiedergaben von Rastern Voraussetzung sind.

Linienraster	Punktraster

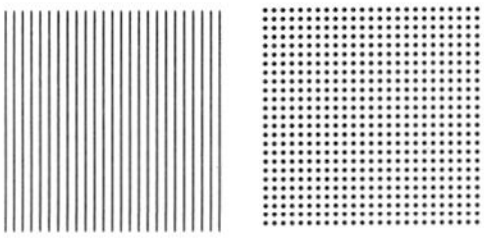

0 Grad | 0 Grad Punkt rund

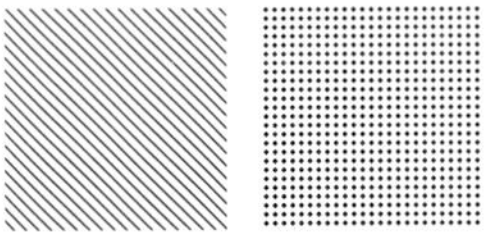

– 45 Grad | 0 Grad Punkt quadratisch

+ 45 Grad | 45 Grad Punkt rund

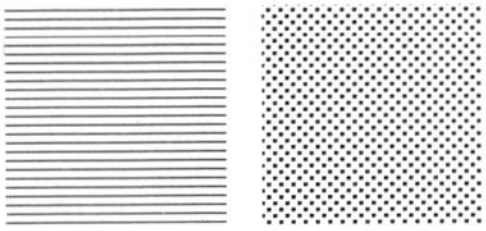

90 Grad | 45 Grad Punkt quadratisch

18 Punkte je cm | 29 Punkte je cm | 39 Punkte je cm | 47 Punkte je cm

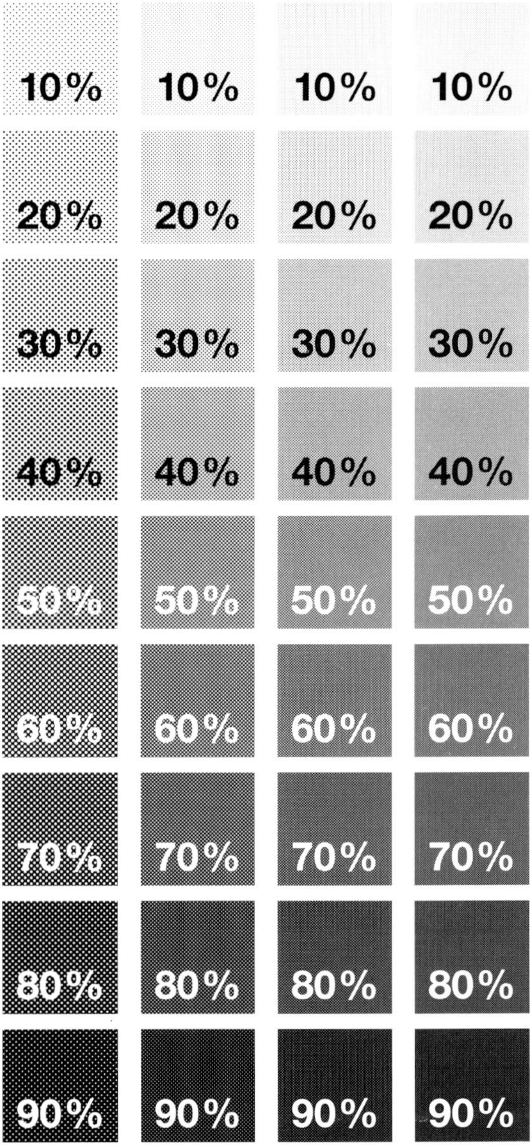

Der Punktraster

Mit einem Raster kann man flächenhafte, unterschiedlich helle oder dunkle Tonwerte erzielen, die zur Hervorhebung einem Text oder den Spalten einer Tabelle unterlegt werden können. Der Tonwert eines Punktrasters hängt von der Flächendeckung durch den Rasterpunkt ab. Entscheidend ist die Punktgröße und der Punktabstand. 10 % Flächendeckung heißt, daß 10 % der Fläche bedruckt sind. Für Zeitungen ist ein 25er Raster (25 Punkte/cm) üblich, für hochwertige Druckobjekte, wie etwa Prospekte, wählt man einen 60er Raster (60 Punkte/cm). Das heißt, je glatter die Papieroberfläche, desto feiner der Raster und umgekehrt. Je feiner aber der Raster ist, desto mehr Punkte bilden den Ton.

Der Linienraster

Er hat die gleiche Aufgabe wie der Punktraster, und auch ihn gibt es in verschiedenen Tonwerten. Seiner interferierenden Struktur wegen wird der Linienraster selten einem Text unterlegt und mehr zu Flächenfüllungen benutzt.

ABCDEFGHIJKLMNOP 0123456789

abcdefghijklmnopqrstuvwxyz . , - : ; ! ? () [] – „" »« ' * † § &

½ ½ ½ 1 / 2 dreiteilig

$\frac{1}{2}$ $\frac{1}{2}$ $\frac{1}{2}$ 1 2 zweiteilig

≌ ≈ ~ ≪ ≫ ≧ < > #

Alpha-numerische Zeichen	Neben Groß- und Kleinbuchstaben gehören auch Ziffern, Akzente, Punkturen und Ligaturen zum Schriftbestand, um gewöhnliche Texte setzen zu können.
Bruchziffern	In Texten verwendet man dreiteilige Bruchziffern, deren Abmessung ein Quadrat ergibt; im Formelsatz sind sie zweiteilig und ein halbes Quadrat groß.
Linien	Begrenzungs- und Schreiblinien sind in allen Stärken zu haben. Als Schmuck gibt es »Englische Linien«, für Wertpapiere »Azuree-« und »Moiré«-Linien.
Zeichen	Man braucht sie meist für Spezialaufträge wie Fahrpläne, dann mathematische, physikalische und chemische Formeln, Landkarten und dergleichen.
Typosignale	Sie sind Aufmerkzeichen auf Flugblättern oder Wurfzetteln. Auch auf Hinweisschildern sind sie häufig zu finden.
Schmuck	Er kann als Einzelstück, als Leiste, Rahmen oder Fläche verwendet werden. Man trifft ihn auf Urkunden, Familienanzeigen und bei anderen feierlichen Anlässen.
Vignetten	Hier handelt es sich um abstrakte oder gegenständliche Typobilder, die nur als Einzelstücke vorhanden sind – für Neujahrs- oder Vermählungskarten, auch als Raumfüller bei Büchern.

Versalien	A B C D E F G H I J K L M N O P Q R S T U V W X Y Z Ä Ö Ü
Gemeine	a b c d e f g h i j k l m n o p q r s ſ t u v w x y z ä ö ü
Ligaturen	ch ck ff fi fl ft ſi ſſ ſt ß
Akzente	á â à é ê è ë í î ì ï ó ô ò ú û ù Æ æ Œ œ Ç ç É Ê È
Ziffern	1 2 3 4 5 6 7 8 9 0 *oder* 1 2 3 4 5 6 7 8 9 0
Punkturen	. , - : ; ! ? ( ) [ ] — „" » « ' * † § &

´	^	`	¨	¸	~
Akut	Zirkumflex	Gravis	Trema	Cedille	Tilde

Versalien	A B C D E F G H I J K L M N O P Q R S T U V W X Y Z Ä Ö Ü
Gemeine	a b c d e f g h i j k l m n o p q r s ſ t u v w x y z ä ö ü
Ligaturen	ch ck ff fi fl ft ll ſch ſi ſſ ſt ß tz
Akzente	
Ziffern	1 2 3 4 5 6 7 8 9 0 *oder* 1 2 3 4 5 6 7 8 9 0
Punkturen	. , ⸗ : ; ! ? ( ) [ ] – „" » « ' * † § &

ſetzen feſtſitzen paſſen beſonders wünſchenswert ausſuchen das

Antiqua	So wird die Schriftgruppe der »runden Schriften« bezeichnet, die der Volksmund die lateinische Schrift nennt. In alten Schriften waren, wie in der Fraktur, lange »s« vorhanden.
Fraktur	Die Schriftgruppe der »gebrochenen Schriften«, im Volksmund deutsche Schrift genannt, besitzt zwei s, ein langes (ſ) und ein rundes (s).

1

2

3

4

Linienstärken

Der Setzer nennt die Strichstärke einer Linie »Linienbild«.
Die Abstufungen reichen im Bleisatz von fein ($^1/_5$ p = 0,075 mm) über stumpffein ($^2/_5$ p = 0,150 mm), halbfett (1 p = 0,375 mm) zu fett (2 p = 0,750 mm).
Im Fotosatz wurden die Linienbilder numeriert: (1) 0,100 mm, (2) 0,150 mm, (3) 0,250 mm, (4) 0,375 mm, (5) 0,500 mm, (6) 0,750 mm, (7) 1 mm, (8) 1,5 mm, (9) 2 mm. Alle weiteren Stärken nehmen um 1 mm zu.

Linienkombinationen

Im Zusammenspiel mit der Schrift ist darauf zu achten, daß das Linienbild mit dem Duktus (Strichstärke) der Schrift übereinstimmt. Zu einer fett-feinen Linie sollte auch eine fettfeine Schrift versetzt werden oder umgekehrt.

Zier- und Sicherheitslinien

Zierlinien (1) sind für Einfassungen gedacht. Die Englischen Linien (2) werden häufig als Textabschluß verwendet, während die Azuree- (3) und Moiré-Linien (4) bei Schecks und ähnlichem Anwendung finden.

Bt Basistypografie

此
度
思

देवनागरी

Schrift

Schwebende Schrift

In Ostasien werden Schriftzeichen frei aufs Papier gesetzt. Die Leserichtung verläuft zunächst von oben nach unten und dann von rechts nach links.

Hängende Schrift

Die arabischen, hebräischen, wie auch indischen Schriften richten sich an einer oberen Leitlinie aus und werden überwiegend von rechts nach links gelesen.

Stehende Schrift

Die abendländischen Zeichen besitzen eine Grund- oder Schriftlinie, auf der sie stehen. Ihre Leserichtung verläuft von links nach rechts.

1
KOMPLEX
2

1
2
KOMPLEX
3

1
2
Komplex
3
4

Zweilinienschrift

Großbuchstaben werden auch Versalien, Majuskeln oder Kapitale genannt. Ihre einheitliche Größe ergibt ein dekoratives, aber schwer lesbares Band.

Dreilinienschrift

In Fachkreisen als Kapitälchen bezeichnet, ist sie eine gute Form der Wortbetonung für Personen- und Regentennamen innerhalb eines laufenden Textes.

Vierlinienschrift

Der größte Teil unserer Texte besteht aus Kleinbuchstaben oder Minuskeln. Ihre unterschiedliche Buchstabengröße ergibt einen gut lesbaren Wortumriß.

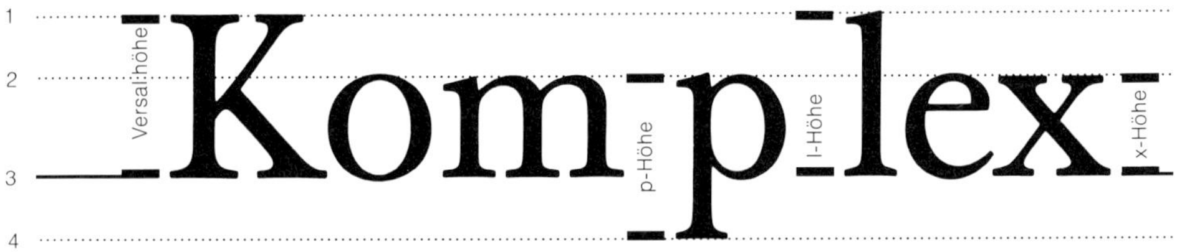
1
2
3
4
Versalhöhe
Kom
p-Höhe
p
l-Höhe
lex
x-Höhe

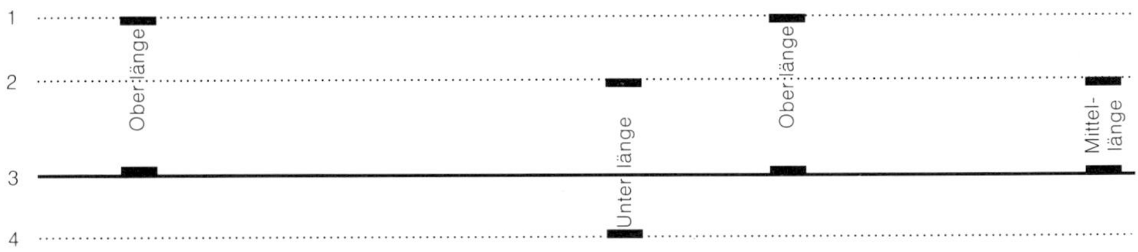
1
2
3
4
Oberlänge
Unterlänge
Oberlänge
Mittel-
länge

Bezeichnungen im Fotosatz

Fünf Buchstaben (g j p q y) durchbrechen die Grund- oder Schriftlinie nach unten. Alle anderen bauen von ihr nach oben auf, wobei nicht alle die Oberlänge oder b- d- f- h- k- und l-Länge erreichen. Auch das t nicht. Die meisten sind Mittellängen wie a c e i m n o r s u v w x und z, bleiben also in x-Höhe. Die Großbuchstaben reichen in vielen Schriften von der Grundlinie bis zur h- oder k-Höhe und werden als Oberlängen bezeichnet. Einzig J und Q können alle vier Linien berühren.

Bezeichnungen im Bleisatz

Zwar gebrauchen auch Fotosetzer diese Bezeichnungen, sie stammen aber aus der Bleisatzära und sind international nicht verständlich.

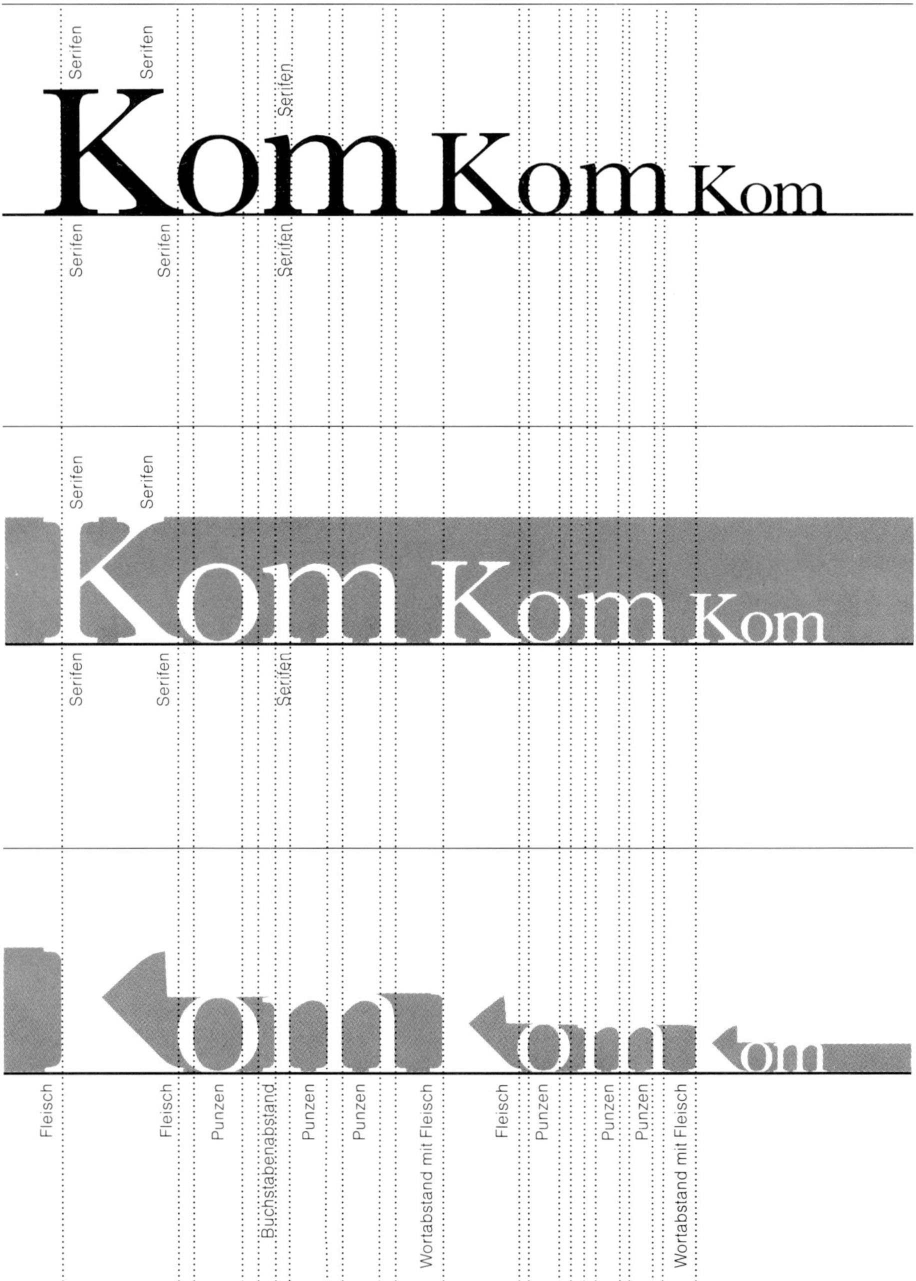
Serifen
Serifen
Serifen
Kom Kom Kom
Serifen
Serifen
Serifen
Serifen
Serifen
Kom Kom Kom
Serifen
Serifen
Serifen
Fleisch
Fleisch
Punzen
Buchstabenabstand
Punzen
Punzen
Wortabstand mit Fleisch
Fleisch
Punzen
Punzen
Punzen
Wortabstand mit Fleisch

Die Schrift- oder Grundlinie

Werden unterschiedlich große Schriften nebeneinander gestellt oder Schreiblinien angesetzt, ist die Schrift- oder Grundlinie immer der Bezug.

Die Negativzeile

Sie erscheint, selbst wenn sie rechnerisch gleich groß wie die positive Zeile ist, immer etwas größer. Auch die Strichstärken wirken etwas breiter.

Die Anatomie

Die Außen- und Innenräume der Zeichen besitzen Namen, die teilweise aus der Sprache der Schriftgießer stammen.

Imperium

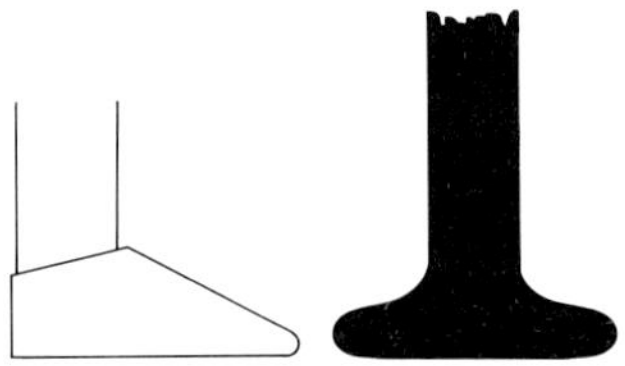

Imperium

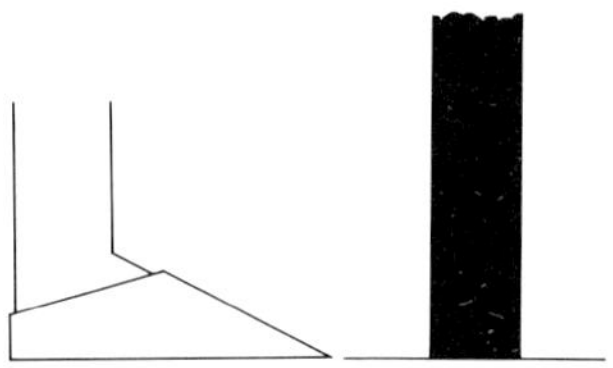

Imperium

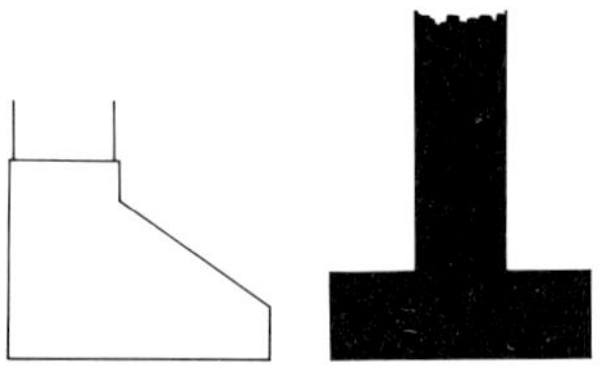

Imperium

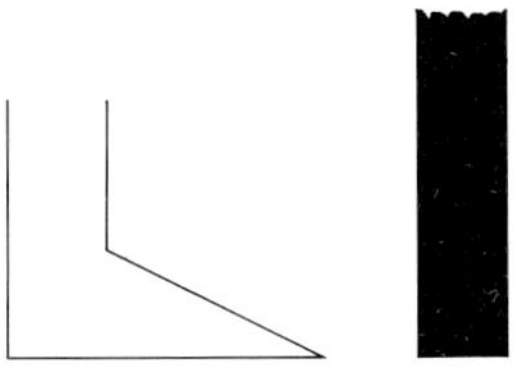

serifennormal

Die meisten unserer Schriften besitzen Füße (Serifen). Sie spielen für die Lesbarkeit und die Aussage einer Schrift eine wichtige Rolle. Schriften mit normalen Serifen sind sehr gut lesbar.

serifendünn

Schriften mit dünnen Serifen weisen in ihrem Aufbau starke Strichkontraste auf. Die so entstehenden Spannungen irritieren den Leser. Sie können durch Druck auf rauhes Papier gemildert werden.

serifenbetont

Betont starke Serifen gehören meist zu einer konstruierten Schrift. Sie verzichtet in der Regel auf die an- und abschwellenden Striche, die auch Merkmal einer guten Lesbarkeit sind.

serifenlos

Auch sie ist eine gezeichnete, nicht geschriebene Form. Da ihre Mittellängen häufig sehr groß sind, erscheint sie insgesamt größer als vergleichbare Schriften mit normalen Serifen.

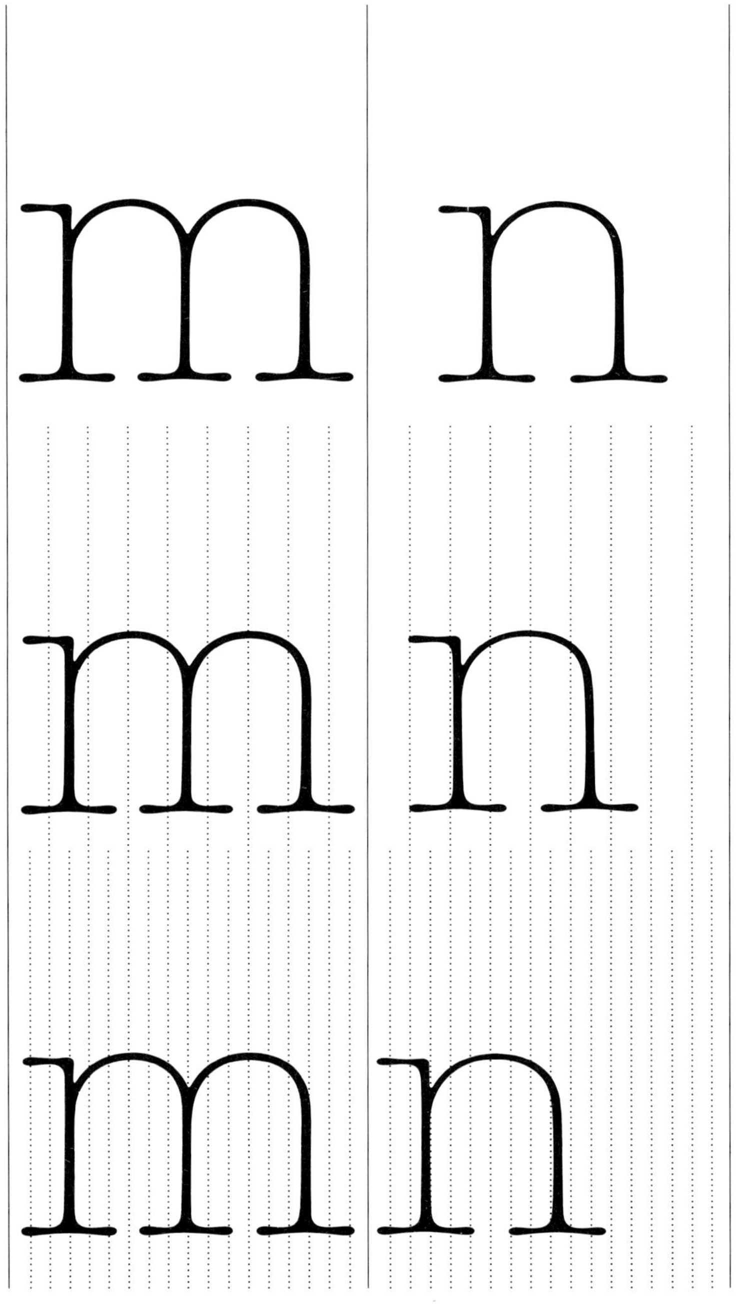

1

9

18

Eine Einheit

Buchstaben sind unterschiedlich breit. Sie beanspruchen einmal mehr, einmal weniger Raum auf dem Papier, was von normalen Schreibmaschinen ignoriert wird. Das hat seine Ursache darin, daß bei jedem Tastenanschlag der Wagen oder das Typenrad immer um die gleiche Strecke – nämlich 1 Einheit – weiterrückt. Man spricht von einer »dicktengleichen« Schrift.

Neun Einheiten

Geht man vom breitesten Buchstaben im Alphabet aus, beispielsweise dem M, und unterteilt dessen Breite in 9 senkrechte Streifen, kann man dem schmäleren Buchstaben durch eine proportionale Anzahl von Streifen gerechter werden. Das hat einen besser regulierten Buchstabenabstand zur Folge. Man spricht von einer »proportionalen« Schrift.

Achtzehn Einheiten

In je mehr senkrechte Streifen – man spricht hier von Einheiten – der breiteste Buchstabe unterteilt wird, desto genauer kann sein Platzbedarf errechnet werden, was deshalb so wichtig ist, weil die Lesequalität einer Schrift wesentlich vom Abstand der Buchstaben zueinander abhängt.

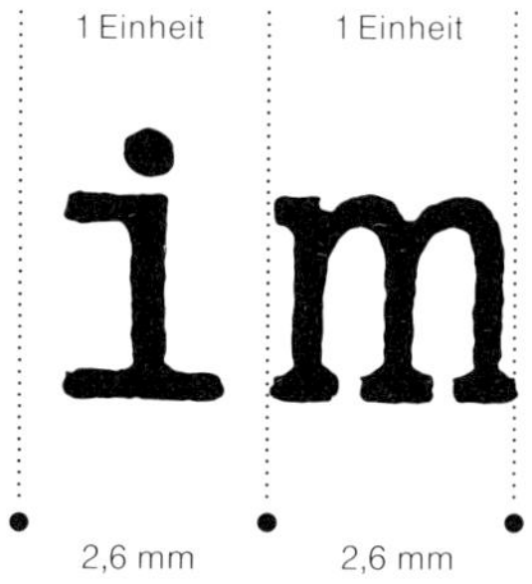

Hier eine gewöhnliche Schreibmaschinenschrift
Alle Buchstaben besitzen die gleiche Breite,
was das Wortbild unregelmäßig erscheinen läßt

Unser Composer hat das Alphabet in neun Einheiten unterteilt. Dadurch können die Buchstaben genauer positioniert werden. Das Wortbild entspricht mehr dem einer Druckschrift, die bis zu hundert Einheiten haben.

Schreibmaschinenschrift (dicktengleich)

Die Buchstabenbreite einer normalen Schreibmaschinenschrift (Pica) beträgt 2,6 mm. Die der kleineren Version (Perl) 2,3 mm. Die Dicke eines Buchstabens wird in der Fachsprache Dickte genannt. Normale Schreibmaschinenschrift ist also dicktengleich.

Composerschrift (proportional)

Die hier abgebildete Composer- oder Proportionalschrift basiert auf 9 Einheiten. Eine Einheit mißt 0,35 mm. Proportional zu ihrer Breite beanspruchen die Buchstaben folgende Einheiten:

3 Einheiten	i j l
4 Einheiten	I f r s t
5 Einheiten	J a c e g v z
6 Einheiten	P S b d h k n o p q u x y ß
7 Einheiten	B C E F L T Z
8 Einheiten	A D G H K N O Q R U V X Y w
9 Einheiten	M W m

Ta

Tabak

33 Einheiten

Ta

Tabak

26 Einheiten

Ta

Tabak

35 Einheiten

Ta

Tabak

27 Einheiten

Ist die Buchstabenkombination so, daß im Wortbild Löcher entstehen, können dem Buchstaben mit dem größeren Freiraum Einheiten abgezogen werden.

Durch die verringerte Einheitenzahl des ersten Buchstabens, kommt der nächste Buchstabe näher am vorangehenden zu stehen.

Da jede Schrift andere Buchstabenabmessungen hat, ist auch die Anzahl der Einheiten je Buchstabe bei jeder Schrift anders.

Entsprechend wird auch die notwendige Einheitenverringerung bei jeder Schrift anders ausfallen.

Seitdem es den Tod gibt, gibt es auch Bemühungen, sich selbst und den anderen Menschen über ihn hinwegzuhelfen. Zuversichtliche Zeiten hoffen auf ein jenseitiges Leben, in welchem die höchsten Wünsche und die eigentliche Bestimmung des Menschen sich erfüllen können, wenn man sich schicklich darauf vorbereitet. Weniger zuversichtliche Zeiten rechnen damit, daß immerhin die Erinnerung an ein bedeutendes Dasein bei den später Geborenen erhalten bleibt oder gar unzerstörbar die Jahrhunderte überdauert. Wieder andere Zeiten sind es zufrieden, wenn die Mühsal des irdischen Lebens endlich ein Ende nimmt und man zur Ruhe gehen darf. Welche dieser Tröstungen recht hat, vermag keine von den verschiedenen Epochen mit völliger Sicherheit zu wissen. Aber jede ver-

Seitdem es den Tod gibt, gibt es auch Bemühungen, sich selbst und den anderen Menschen über ihn hinwegzuhelfen. Zuversichtliche Zeiten hoffen auf ein jenseitiges Leben, in welchem die höchsten Wünsche und die eigentliche Bestimmung des Menschen sich erfüllen können, wenn man sich schicklich darauf vorbereitet. Weniger zuversichtliche Zeiten rechnen damit, daß immerhin die Erinnerung an ein bedeutendes Dasein bei den später Geborenen erhalten bleibt oder gar unzerstörbar die Jahrhunderte überdauert. Wieder andere Zeiten sind es zufrieden, wenn die Mühsal des irdischen Lebens endlich ein Ende nimmt und man zur Ruhe gehen darf. Welche dieser Tröstungen recht hat, vermag keine von

Seitdem es den Tod gibt, gibt es auch Bemühungen, sich selbst und den anderen Menschen über ihn hinwegzuhelfen. Zuversichtliche Zeiten hoffen auf ein jenseitiges Leben, in welchem die höchsten Wünsche und die eigentliche Bestimmung des Menschen sich erfüllen können, wenn man sich schicklich darauf vorbereitet. Weniger zuversichtliche Zeiten rechnen damit, daß immerhin die Erinnerung an ein bedeutendes Dasein bei den später Geborenen erhalten bleibt oder gar unzerstörbar die Jahrhunderte überdauert. Wieder andere Zeiten sind es zufrieden, wenn die Mühsal des irdischen Lebens endlich ein Ende nimmt und man zur Ruhe gehen darf. Welche dieser

– 2

Der Raum, in dem ein Zeichen steht, kann beschnitten oder erweitert werden. Vom normalen Wert wurden hier 2 Einheiten abgezogen. Ein zu enger Text.

± 0

In der Regel wird vom Schrifthersteller der optimale Raumbedarf der Zeichen mitgeteilt. Man spricht auch von Laufweite oder Zurichtung. Daß bei engem Satz mehr Text untergebracht werden kann, darf kein Argument sein, denn Lesbarkeit geht vor Sparsamkeit.

+ 2

Zu weit voneinander stehende Zeichen lösen den Wortzusammenhang auf. Sie erschweren das Lesen ebenso wie zu eng stehende Buchstaben.

△□○			[)	)(
AHO			D	X

△	□	○	[)	)(
A	E	C	B	S
T	H	G	D	X
V	I	O	F	Z
W	M	Q	K	
Y	N		L	
	U		P	
			R	

AT	HN	OG	DB	ZM
AT	HN	OG	DB	ZM
–	+	+–	+–	+–

ALTER	GEOLOGIE	ZAHL
ALTER	GEOLOGIE	ZAHL
– +	+++ – ++	– +

Die Grundformen

Die Großbuchstaben unseres Alphabetes fußen auf den Grundformen Dreieck, Rechteck und Kreis. Es gibt aber auch Mischformen.

Die Zuordnung

Ordnen wir die Großbuchstaben diesen Formen zu, so kann es sein, daß dieser oder jener Buchstabe sich nicht eindeutig festlegen läßt, da er von Schrift zu Schrift unterschiedlich ist.

Die Konstellation

Je nach Zusammentreffen der einen mit der anderen Form entstehen größere oder kleinere Freiräume.

Das Ausgleichen

Um die Größe dieser Freiräume gleich zu halten, müssen wir dem einen Buchstaben etwas abziehen, dem anderen etwas dazugeben.

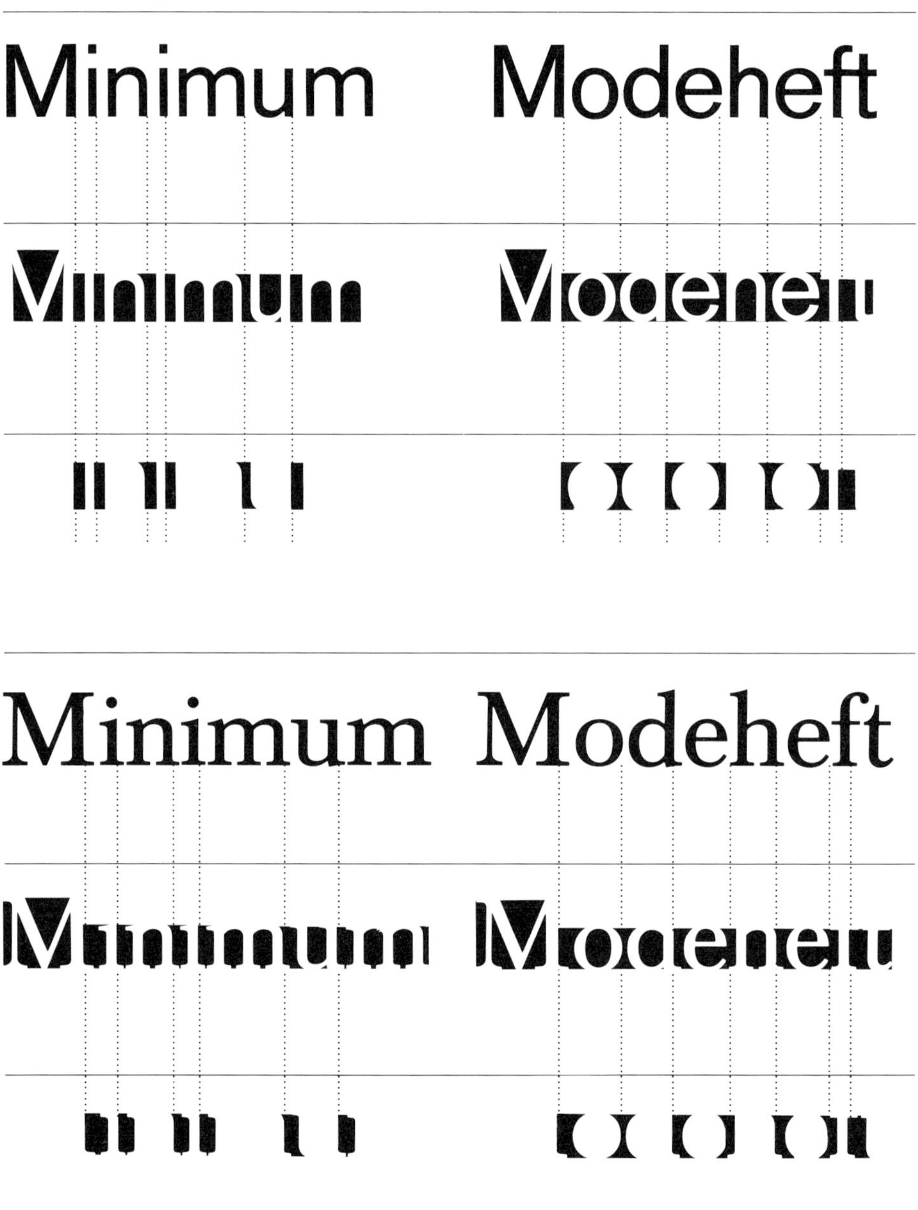
Minimum
Modeheft
Minimum
Modeheft

Minuskeln ohne Serifen

Unser Alphabet kennt Buchstaben, die an einer oder an beiden Seiten mit Senkrechten, und andere, die mit Rundungen enden.
Um optischen Gesetzen zu genügen, muß der Abstand dort, wo zwei Senkrechte aufeinandertreffen, größer sein als bei Rundungen.
Grob gesehen gilt die Breite eines Buchstabenstrichs als Maß für den Buchstabenabstand. Bei Rundungen ist der Abstand etwas geringer.

Minuskeln mit Serifen

Serifen verhindern, daß die Buchstaben zu eng aneinandergereiht werden. Die negative Schriftzeile zeigt die Unterschiede der Buchstabenabstände immer deutlicher, als die positive Zeile. Während bei serifenlosen Schriften der Buchstabenstrich das Richtmaß für den Abstand ist, sind es hier die Serifen.

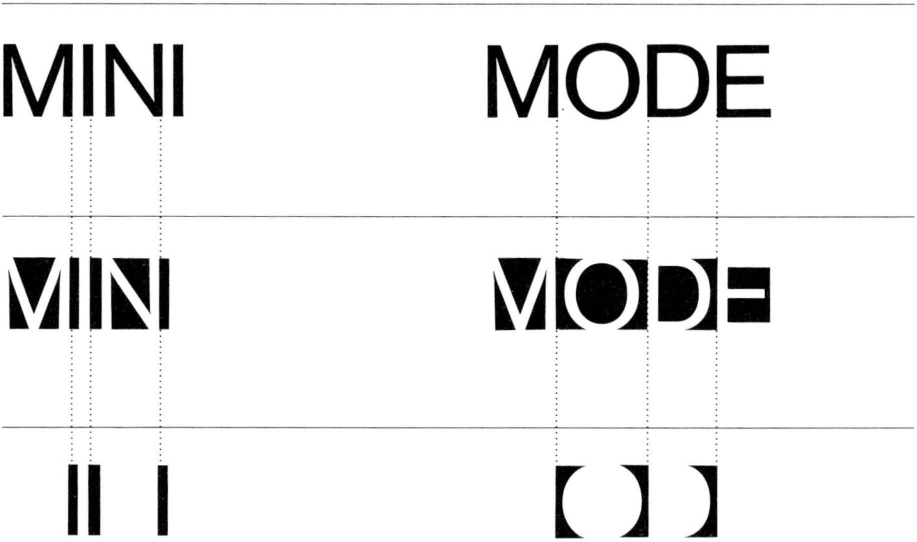
MINI
MODE

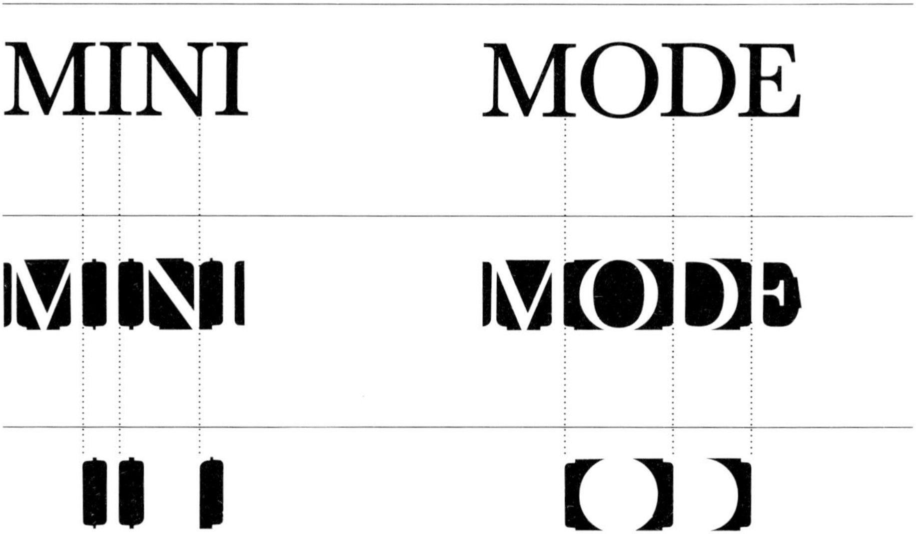
MINI
MODE

Versalien ohne Serifen

Unsere Großbuchstaben basieren auf drei Grundformen: Rechteck, Dreieck, Kreis. Das wechselnde Zusammentreffen dieser Formen bestimmt, ob die Buchstaben enger oder weiter stehen müssen.

Versalien mit Serifen

Wie bei Kleinbuchstaben, so verhindern die Serifen auch hier eine zu enge Aneinanderreihung der Buchstaben. Die daraus resultierende lockerere Anordnung kommt der besseren Lesbarkeit zugute. Großbuchstaben sollen generell weiter stehen.

Schreibschrift

Schreibschrift

Linearschrift

Linearschrift

Für den Betrachter handelt es sich hier um die beispielhafte Form einer Druckschrift. Die Aussage lügt also.

Diese Schrift ist zwar gedruckt, aber sie stellt die überzeugende Form einer Handschrift dar. Die Aussage stimmt.

Auch hier stimmt die Schriftform mit der Textaussage überein. Der Leser ist sofort und richtig informiert.

In dieser Zeile widersprechen sich Schrift und Text. Schriftform und Wortinhalt sind nicht identisch.

Bundesrepublik

Bundesrepublik

Bundesrepublik

Bundesrepublik

altväterlich

Die Rotunda (Rundgotisch) repräsentiert eine vergangene Zeit. Sie drückt Tradition und Brauchtum aus.

neutral

Eine Barock-Antiqua mit literarischem Zuschnitt. Ihr zurückhaltender Ausdruck macht sie für vieles brauchbar.

fortschrittlich

Mit Zirkel und Lineal wurde diese serifenlose Linear-Antiqua konstruiert. Ihr Ausdruck ist entsprechend nüchtern.

zwiespältig

Jugendstil und Computertechnik vereint. Welche Republik er sich wünscht, bleibt allein dem Leser überlassen.

Seitdem es den Tod gibt, gibt es auch Bemühungen, sich selbst und den anderen Menschen über ihn hinwegzuhelfen. Zuversichtliche Zeiten hoffen auf ein jenseitiges Leben, in welchem die höchsten Wünsche und die eigentliche Bestimmung des Menschen sich erfüllen können, wenn man sich schicklich darauf vorbereitet. Weniger zuversichtliche Zeiten rechnen damit, daß immerhin die Erinnerung an ein bedeutendes Dasein bei den später Geborenen erhalten bleibt oder gar unzerstörbar die Jahrhunderte überdauert. Wieder andere Zeiten sind es zufrieden, wenn die Mühsal des irdischen Lebens endlich ein Ende nimmt und man zur Ruhe gehen darf. Welche dieser Tröstungen recht hat, vermag keine von den verschiedenen Epochen mit völliger Sicherheit zu wissen. Aber jede versucht, wie sie kann, mit dem Tode fertig zu werden. Und als nun im Jahre 399 v. Chr. in Athen Sokrates, der Sohn des Sophroniskos, im Alter von etwa siebzig Jahren sterben mußte, da werden sich wohl alle seine Freunde und Verwandten zunächst bemüht haben, Trost und Hilfe aus eben jenen Gedan-

Seitdem es den Tod gibt, gibt es auch Bemühungen, sich selbst und den anderen Menschen über ihn hinwegzuhelfen. Zuversichtliche Zeiten hoffen auf ein jenseitiges Leben, in welchem die höchsten Wünsche und die eigentliche Bestimmung des Menschen sich erfüllen können, wenn man sich schicklich darauf vorbereitet. Weniger zuversichtliche Zeiten rechnen damit, daß immerhin die Erinnerung an ein bedeutendes Dasein bei den später Geborenen erhalten bleibt oder gar unzerstörbar die Jahrhunderte überdauert. Wieder andere Zeiten sind es zufrieden, wenn die Mühsal des irdischen Lebens endlich ein Ende nimmt und man zur Ruhe gehen darf. Welche dieser Tröstungen recht hat, vermag keine von den verschiedenen Epochen mit völliger Sicherheit zu wissen. Aber jede versucht, wie sie kann, mit dem Tode fertig zu werden. Und als nun im Jahre 399 v. Chr. in Athen Sokrates, der Sohn des Sophroniskos, im Alter von etwa siebzig Jahren sterben mußte, da werden sich wohl alle seine Freunde und Verwandten zunächst bemüht haben, Trost und Hilfe aus

Es gibt keine Schrift, die nicht den Text interpretiert. Die eine tut das mehr, die andere weniger. Deshalb ist es so schwer, die jeweils passende Schrift zum Text zu wählen. Diese Antiqua eignet sich für fast alle Texte, wobei sie keinen »leidenschaftlich« interpretiert.

Hier der gleiche Text wie oben. Der Schriftcharakter widerspricht dem, was der Text aussagt. Der Leser ist, wenn auch nicht bewußt, irritiert. Er hat das Gefühl, daß etwas nicht in Ordnung ist.

DAS WORT

DAS WORT

Das Wort

Das Wort

Das Wort

würdiger	Ein Wort in Großbuchstaben erscheint nicht nur größer als der übrige Text, es wirkt bedeutender, auch würdiger.
wertvoller	Kapitälchen betonen die Worte anders als Großbuchstaben oder Versalien. Sie verleihen ihnen etwas Wertvolleres.
schneller	Die Kursive erweckt den Eindruck von Bewegung. In Wirklichkeit bremst sie den Lesefluß. Man liest langsamer, genauer.
langsamer	Auch das gesperrte Wort verlangsamt das Lesetempo. Wird heute seiner ungünstigen Wirkung wegen nicht mehr angewendet.
lauter	Die dickeren Schriften drängen sich optisch in den Vordergrund, verlangen mehr Aufmerksamkeit vom Leser.

Schriftfamilie

Schriftgarnitur	Schriftgarnitur	Schriftgarnitur
Baskerville-Antiqua	*Baskerville-Kursiv*	BASKERVILLE-KAPITÄLCHEN
Baskerville-Antiqua	*Baskerville-Kursiv*	BASKERVILLE-KAPITÄLCHEN
Baskerville-Antiqua	*Baskerville-Kursiv*	BASKERVILLE-KAPITÄLCHEN
Baskerville-Antiqua	*Baskerville-Kursiv*	BASKERVILLE-KAPITÄLCHEN
Baskerville-Antiqua	*Baskerville-Kursiv*	BASKERVILLE-KAPITÄLCH
Baskerville-Antiqua	*Baskerville-Kursiv*	
Baskerville-Antiqua	*Baskerville-Kursiv*	
Baskerville-Antiqu	*Baskerville-Kursiv*	
Baskerville-Ant	*Baskerville-Kursiv*	
Baskerville-	*Baskerville-Kur*	
Baskervill	*Baskerville-*	
Baskerv	*Baskervill*	
Basker		

Familie und Garnitur

Eine Familie besteht mindestens aus drei Mitgliedern. Das gilt auch für die Schrift, deren Mitglieder nicht nur den gleichen Namen, sondern auch gleiche optische Merkmale tragen. Das einzelne Mitglied mit seiner ganzen Größenskala heißt Garnitur. Schriften mit Serifen besitzen in der Regel folgende Garnituren: Standard, Kursiv, Kapitälchen, einen oder mehrere fettere Schnitte. Schriften ohne Serifen besitzen anstelle von Kursiv und Kapitälchen schräge, dünnere und fettere Garnituren.

Komplex

Komplex

Komplex

Komplex

Standard mit Serifen

Sie ist die Mutterform innerhalb einer Schriftfamilie, von der alle übrigen Formen abgeleitet werden.

Standard kursiv

Sie ist die laufende Schrift. Sowohl die Bezeichnung (currere = laufen) wie ihre Haltung deuten dies an.

fett

Das etwas stärkere Familienmitglied wird als halbfett oder fett bezeichnet. Die Striche sind breiter, die Punzen dafür enger.

fett kursiv

Wie »Standard kursiv« die Ergänzung der »Standard« ist, ist die »fette kursive« Ergänzung der fetten Type.

Komplex

Komplex

Komplex

Komplex

Komplex

Standard mit Serifen	Bei digitalisierten Schriften ist die »Standard« die Mutter- oder Materform, aus der Verzerrungen und Schrägstellungen abgeleitet werden.
rechts schräg (verzerrt)	Von der »Standard« ausgehende, über den Rechner simulierte Schrägstellung im Uhrzeigersinn bis 45°. Die waagerechten Strichpartien werden übermäßig betont.
links schräg (verzerrt)	Möglich, aber nicht empfohlen, sind Schrägstellungen gegen den Uhrzeigersinn bis 45°. Die Proportionen wirken »unnatürlich«.
breit (verzerrt)	Wie die Neigung in 1°-Schritten variiert werden kann, so können die Buchstaben in 1%-Schritten breiter werden.
schmal (verzerrt)	Umgekehrt kann die Schrift in 1%-Schritten auch verschmälert werden. Die Strichproportionen verkehren sich.

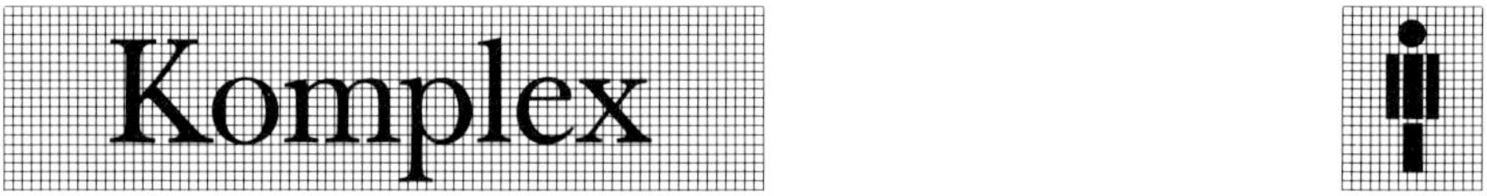
Komplex

Komplex

Komplex

Strukturhintergrund

Das Gitter erzeugt zwar eine Grauwirkung, geht aber zu Lasten der Lesbarkeit. Eine eingekerkerte Schrift.

Negativumrandung

Ein gern verwendetes Gestaltungselement, das die Schrift in einen Käfig sperrt und damit einengt.

negativ strukturiert

Hier hat man doppelte Vorsorge getroffen, damit das freie Wort formal harmlos gemacht, stillgelegt wird.

Komplex

Komplex

Komplex

Komplex

Standard ohne Serifen	Familien serifenloser Schriften sind häufig umfangreicher als die mit Serifen und kennen auch dünnere Schnitte.
Standard schräg	Dies ist keine kursive Schrift, denn sie läuft nicht. Hier steht die Standard lediglich leicht schräg.
fett	Die Abstufungen von Standard bis fett können sehr stark variieren. Verschiedentlich gibt es auch dreiviertelfett.
fett schräg	Eine komplette Schriftfamilie besitzt zu jeder geraden Garnitur auch eine schrägstehende.

5p Komplex
6p Komplex
7p Komplex
8p Komplex

9p Komplex
10p Komplex
11p Komplex
12p Komplex

13p Komplex
14p Komplex
15p Komplex
16p Komplex
17p Komplex
18p Komplex
19p Komplex
20p Komplex
21p Komplex
22p Komplex
23p Komplex
24p Komplex
25p Komplex

27p Komplex
28p Komplex
29p Komplex
30p Komplex
31p Komplex
32p Komplex
33p Komplex
34p Komplex
36p Komplex

Konsultationsgröße

Texte, die man nur kurz konsultiert, also wie Angaben im Lexikon befragt, dürfen klein sein, da Verweildauer und Leseleistung minimal sind.

Lesegröße

Texte, die den Leser länger beanspruchen, wie Erzählungen, Nachrichten und dergleichen, sollen eine für das Auge bequeme Größe besitzen.

Schaugröße

Größere Schriften sind zum Lesen aus der Entfernung gedacht. Ihre Distanz zum Leser verkleinert sie wieder zur normalen Lesegröße.

Komplex

Komplex

Komplex
Komplex

Komplex
Komplex

Komplex

Komplex

Komplex
Komplex

Komplex
Komplex

Versalhöhe

Um die Größe einer Schrift festzustellen, kann man ihre Großbuchstaben in Millimetern messen und aus einer Tabelle die Schriftgröße in Punkt ermitteln. In solchen Fällen wird der Zeilenabstand von Schriftlinie zu Schriftlinie festgelegt.

Vertikalhöhe

Man kann aber auch von Unterlänge zu Oberlänge eines Wortes messen und die Größe der Schrift feststellen. In diesem Fall wird der Zeilenabstand von Unterlänge zur nächsten Oberlänge festgelegt.

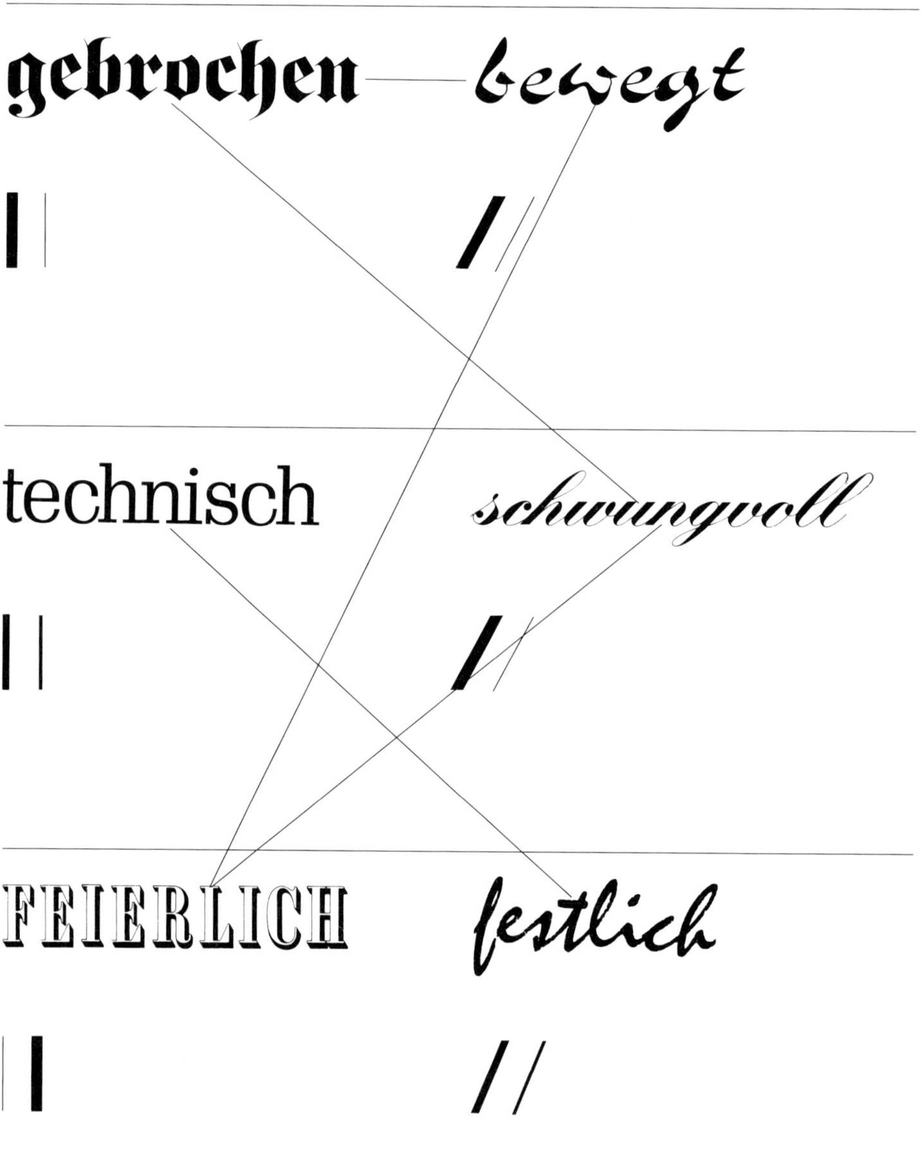
gebrochen
bewegt
technisch
schwungvoll
FEIERLICH
festlich

Der Duktus

Duktus meinte ursprünglich die Weise, wie ein Schreiber die Feder führte und welche Art des Striches daraus entstand. Auch heute bezeichnet Duktus die Strichführung, ob also der Buchstabe aus fett-feinen, fett-halb-fetten oder gleichstarken Strichen zusammengesetzt ist.

Die Anmutung

Sie sagt über die Wirkung einer Schrift aus. Ob sie steif oder schwungvoll, ob sie technisch oder romantisch empfunden wird.

Die Mischung

Nimmt man Schriften innerhalb einer Schriftfamilie wie kursiv oder halbfett, so spricht man von »auszeichnen«. Beim Schriftmischen treffen immer Schriften aus verschiedenen Familien aufeinander. Dabei sollten zwei Punkte beachtet werden: Der Duktus beider Schriften muß gleich sein, die Anmutung jedoch gegensätzlich.

Seitdem es den Tod gibt, gibt es auch Bemühungen, sich selbst
und den anderen Menschen über ihn hinwegzuhelfen. Zuver-
sichtliche Zeiten hoffen auf ein jenseitiges Leben, in welchem die
höchsten Wünsche und die eigentliche Bestimmung des Men-
schen sich erfüllen können, wenn man sich schicklich darauf
vorbereitet. Weniger zuversichtliche Zeiten rechnen damit, daß
immerhin die Erinnerung an ein bedeutendes Dasein bei den
später Geborenen erhalten bleibt oder gar unzerstörbar die Jahr-

Mitternachts weint und schluchzt ich,
Weil ich dein entbehrte.
Da kamen Nachtgespenster,
Und ich schämte mich.
Nachtgespenster, sagt ich,
Schluchzend und weinend
Findet ihr mich, dem ihr sonst
Schlafendem vorüberzogt.

Seitdem es den Tod gibt, gibt es auch Bemühungen, sich
selbst und den anderen Menschen über ihn hinwegzu-
helfen. Zuversichtliche Zeiten hoffen auf ein jenseitiges
Leben, in welchem sich die höchsten Wünsche und die
eigentliche Bestimmung des Menschen erfüllen kön-
nen, wenn man sich schicklichst darauf vorbereitet.
Weniger zuversichtliche Zeiten rechnen damit, daß die
Erinnerung immerhin an ein bedeutendes Dasein bei

Blocksatz (Erzählform)

Für lange Texte die ideale Zeilenform für den Leser. Die einheitliche Zeilenlänge wird durch Variieren des Wortabstandes erreicht.

Gedichtsatz (Versform)

Hier folgt die Zeilenform der Sprachform und ihrer Metrik wie bei keiner anderen Satzart. Der Wortabstand ist in allen Zeilen gleich.

Blocksatz zeilenversetzt (Zierform)

Eine formalistische Zeilenform, die
die Aufmerksamkeit des Lesers dem
Reiz ihres Aussehens verdankt.
Gute Lesbarkeit bleibt unberücksichtigt.

Seitdem es den Tod gibt, gibt es auch
Bemühungen, sich selbst und den anderen
Menschen über ihn hinwegzuhelfen.
Zuversichtliche Zeiten hoffen auf ein jen-
seitiges Leben, in welchem die höch-
sten Wünsche und die eigentliche Bestim-
mung des Menschen sich erfüllen
können, wenn man sich schicklich darauf
vorbereitet. Weniger zuversichtliche

Seitdem es den Tod gibt, gibt es auch
Bemühungen, sich selbst und den anderen
Menschen über ihn hinwegzuhelfen.
Zuversichtliche Zeiten hoffen auf ein jen-
seitiges Leben, in welchem die höch-
sten Wünsche und die eigentliche Bestim-
mung des Menschen sich erfüllen
können, wenn man sich schicklich darauf
vorbereitet. Weniger zuversichtliche

Seitdem es den Tod gibt, gibt es auch
Bemühungen, sich selbst und den anderen
Menschen über ihn hinwegzuhelfen.
Zuversichtliche Zeiten hoffen auf ein jen-
seitiges Leben, in welchem die höch-
sten Wünsche und die eigentliche Bestim-
mung des Menschen sich erfüllen
können, wenn man sich schicklich darauf
vorbereitet. Weniger zuversichtliche

Flattersatz linksbündig (Rhythmusform)	Eine heute beliebte Zeilenform, die von gleich guter Lesbarkeit ist wie der Blocksatz. Sie rhythmisiert den Text optisch wie sprachlich.
Flattersatz mitte (Zierform)	Die auf Mitte zentrierten Zeilen muten sehr dekorativ an, büßen aber an Lesekomfort ein, was sie an optischem Reiz gewinnen.
Flattersatz rechtsbündig (Rhythmusform)	Der Zeilenanfang muß vom Leser bei jeder Zeile neu gesucht werden. Diese Zeilenform ist leseunfreundlich, bei geringer Zeilenzahl aber reizvoll.

Seitdem es den Tod gibt, gibt es auch Bemühungen, sich selbst und den anderen Menschen über ihn hinwegzuhelfen. Zuversichtliche Zeiten hoffen auf ein jenseitiges Leben, in welchem die höchsten Wünsche und die eigentliche Bestimmung des Menschen sich erfüllen können, wenn man sich schicklich darauf vorbereitet. Weniger zuversichtliche Zeiten rechnen damit, daß immerhin die Erinnerung an ein bedeutendes Dasein bei den später Geborenen erhalten bleibt oder gar unzerstörbar die Jahrhunderte überdauert. Wieder andere Zeiten sind es zufrieden, wenn die Mühsal des irdischen Lebens endlich ein Ende nimmt und man zur Ruhe gehen darf. Welche dieser Tröstungen recht hat, vermag keine von den verschiedenen Epochen mit völliger Sicherheit zu wissen. Aber jede versucht, wie sie kann, mit dem Tode fertig zu werden. Und als nun im Jahre 399 v.

Seitdem es den Tod gibt, gibt es auch Bemühungen, sich selbst und den anderen Menschen über ihn hinwegzuhelfen. Zuversichtliche Zeiten hoffen auf ein jenseitiges Leben, in welchem die höchsten Wünsche und die eigentliche Bestimmung des Menschen sich erfüllen können, wenn man sich schicklich darauf vorbereitet. Weniger zuversichtliche Zeiten rechnen damit, daß immerhin die Erinnerung an ein bedeutendes Dasein bei den später Geborenen erhalten bleibt oder gar unzerstörbar die Jahrhunderte überdauert. Wieder andere Zeiten sind es zufrieden,

Seitdem es den Tod gibt, gibt es auch Bemühungen, sich selbst und den anderen Menschen über ihn hinwegzuhelfen. Zuversichtliche Zeiten hoffen auf ein jenseitiges Leben, in welchem die höchsten Wünsche und die eigentliche Bestimmung des Menschen sich erfüllen können, wenn man sich schicklich darauf vorbereitet. Weniger zuversichtliche Zeiten rechnen damit, daß immerhin die Erinnerung an ein bedeutendes Dasein bei den später Geborenen erhalten bleibt oder gar unzerstörbar die Jahrhunderte über-

6p 63 mm 65 Anschläge	Eine angenehm lesbare Zeile sollte zwischen 50 und 70 Anschläge zählen. Je kleiner die Schrift, desto kürzer die Zeile und umgekehrt.
8p 80 mm 65 Anschläge	Auch die Wortabstände sind für eine gut lesbare Zeile mitverantwortlich. Um weder zu weite noch zu enge Abstände zu bekommen, sollte eine Zeile im Durchschnitt 8 Worte enthalten.
10p 100 mm 65 Anschläge	Wie wir sehen, kann man über den Daumen gepeilt sagen, daß die Schriftgröße in Didot-Punkten mal 10 die Zeilenbreite in Millimetern ergibt.

»Seitdem es den Tod gibt, gibt es auch Bemühungen, sich und den anderen Menschen über ihn hinwegzuhelfen. Zuversichtliche Zeiten hoffen auf ein jenseitiges Leben, in welchem die höchsten Wünsche und die eigentliche Bestimmung des Todes dem Menschen sich erfüllen können, wenn man sich schicklich darauf vorbereitet. Weniger zuversichtliche Zeiten rechnen damit, daß immerhin die Erinnerung an ein bedeu-

»Seitdem es den Tod gibt, gibt es auch Bemühungen, sich und den anderen Menschen über ihn hinwegzuhelfen. Zuversichtliche Zeiten hoffen auf ein jenseitiges Leben, in welchem die höchsten Wünsche und die eigentliche Bestimmung des Todes dem Menschen sich erfüllen können, wenn man sich schicklich darauf vorbereitet. Weniger zuversichtliche Zeiten rechnen damit, daß immerhin die Erinnerung an ein bedeu-

»Seitdem es den Tod gibt, gibt es auch Bemühungen, sich und den anderen Menschen über ihn hinwegzuhelfen. Zuversichtliche Zeiten hoffen auf ein jenseitiges Leben, in welchem die höchsten Wünsche und die eigentliche Bestimmung des Todes dem Menschen sich erfüllen können, wenn man sich schicklich darauf vorbereitet. Weniger zuversichtliche Zeiten rechnen damit, daß immerhin die Erinnerung an ein bedeu-

»Seitdem es den Tod gibt, gibt es auch Bemühungen, sich und den anderen Menschen über ihn hinwegzuhelfen. Zuversichtliche Zeiten hoffen auf ein jenseitiges Leben, in welchem die höchsten Wünsche und die eigentliche Bestimmung des Todes dem Menschen sich erfüllen können, wenn man sich schicklich darauf vorbereitet. Weniger zuversichtliche Zeiten rechnen damit, daß immerhin die Erinnerung an ein bedeu-

Normaler Satz

Der Blocksatz zeichnet sich durch gleich breite Zeilen aus. Dabei entsteht links und rechts eine senkrechte Kante.

Normaler Satz

Bei genauem Hinsehen stellt sich jedoch heraus, daß die Kanten nicht gerade sind, da die Buchstaben zu Beginn und am Zeilenende nicht immer senkrecht abschließen.

Mit Ästhetikprogramm

Diese optische Unausgewogenheit kann man korrigieren, indem man die fraglichen Zeilen etwas über die Satzkante treten läßt.

Mit Ästhetikprogramm

Die so rechnerisch ungleich breiten Zeilen erscheinen optisch nun gleich. Derlei Feinheiten organisiert ein sogenanntes Ästhetikprogramm.

Seitdem es den Tod gibt, gibt es auch Bemühungen, sich selbst und den anderen Menschen über ihn hinwegzuhelfen. Zuversichtliche Zeiten hoffen auf ein jenseitiges Leben, in welchem die höchsten Wünsche und die eigentliche Bestimmung des Menschen sich erfüllen können, wenn man sich schicklich darauf vorbereitet. Weniger zuversichtliche Zeiten rechnen damit, daß immerhin die Erinnerung an ein bedeutendes Dasein bei den später Geborenen erhalten bleibt oder gar unzerstörbar die Jahrhunderte überdauert. Wieder andere Zeiten sind es zufrieden, wenn die Mühsal des irdischen Lebens endlich ein Ende nimmt und man zur Ruhe gehen darf. Welche dieser Tröstungen recht hat, vermag keine von den verschiedenen Epochen mit völliger Sicherheit zu wissen. Aber jede versucht, wie sie kann, mit dem Tode fertig zu werden. Und als nun im Jahre 399 v. Chr. in

Seitdem es den Tod gibt, gibt es auch Bemühungen, sich selbst und den anderen Menschen über ihn hinwegzuhelfen. Zuversichtliche Zeiten hoffen auf ein jenseitiges Leben, in welchem die höchsten Wünsche und die eigentliche Bestimmung des Menschen sich erfüllen können, wenn man sich schicklich darauf vorbereitet. Weniger zuversichtliche Zeiten rechnen damit, daß immerhin die Erinnerung an ein bedeutendes Dasein bei den später Geborenen erhalten bleibt oder gar unzerstörbar die Jahrhunderte überdauert. Wieder andere Zeiten sind es zufrieden, wenn die Mühsal des irdischen Lebens endlich ein Ende nimmt und man zur Ruhe gehen darf. Welche dieser Tröstungen recht hat, vermag keine von den verschiedenen

Seitdem es den Tod gibt, gibt es auch Bemühungen, sich selbst und den anderen Menschen über ihn hinwegzuhelfen. Zuversichtliche Zeiten hoffen auf ein jenseitiges Leben, in welchem die höchsten Wünsche und die eigentliche Bestimmung des Menschen sich erfüllen können, wenn man sich schicklich darauf vorbereitet. Weniger zuversichtliche Zeiten rechnen damit, daß immerhin die Erinnerung an ein bedeutendes Dasein bei den später Geborenen erhalten bleibt oder gar unzerstörbar die Jahrhunderte überdauert. Wieder andere Zeiten sind es zufrieden, wenn die Mühsal des

3,75 mm Zeilenabstand

Der Wortabstand wirkt größer als der Zeilenabstand; das widerspricht dem Leseablauf: horizontal, dann vertikal.

4,75 mm Zeilenabstand

Nicht nur die Lesbarkeit ist besser, auch der Grauwert des gesamten Textes ist sehr viel freundlicher geworden.

5,75 mm Zeilenabstand

Wird der Zeilenabstand zu groß, zerfällt der Text in einzelne Linien, wobei die gute Lesbarkeit wieder abnimmt.

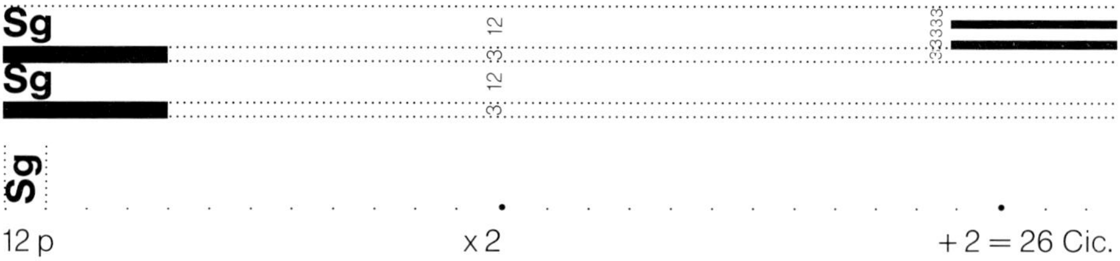
Sg
Sg
Sg
12
3
12
3
33333
12 p
x 2
+ 2 = 26 Cic.

1,125
5,75
12 (4,5)
12
Sg
Sg
12 x 10
120 mm

Bleisatz p (1p = 0,375 mm)

Nachstehend eine Formel, mit der man aus der Schriftgröße den Zeilenabstand und die Länge einer Zeile ermitteln kann (in Annäherungswerten).

Schriftgröße : 4 =
Durchschuß in Punkt

Schriftgröße x 2 + 2 =
Zeilenlänge in Cicero

»Durchschuß« ist der Abstand von Zeilenunterkante zur nächsten Zeilenoberkante. Cicero = 12 p

Fotosatz p und mm

Auch bei dieser Formel geht man von der Schriftgröße in Punkt (p) aus, rechnet dann aber in mm weiter.

Schriftgröße + ¼ =
Vorschub in mm

Schriftgröße x 10 =
Zeilenlänge in mm

»Vorschub« ist der Zeilenabstand von Schriftlinie zu Schriftlinie.

4,25

Seitdem es den Tod gibt, gibt es auch Bemühungen, sich selbst und den anderen Menschen über ihn hinwegzuhelfen. Zuversichtliche Zeiten hoffen auf ein jenseitiges Leben, in welchem die höchsten Wünsche und die eigentliche Bestimmung des Menschen sich erfüllen können, wenn man sich schicklich darauf vorbereitet. Weniger

4,75

Seitdem es den Tod gibt, gibt es auch Bemühungen, sich selbst und den anderen Menschen über ihn hinwegzuhelfen. Zuversichtliche Zeiten hoffen auf ein jenseitiges Leben, in welchem die höchsten Wünsche und die eigentliche Bestimmung des Menschen sich erfüllen können, wenn man sich schicklich darauf vorbereitet. Weniger

5,25

Seitdem es den Tod gibt, gibt es auch Bemühungen, sich selbst und den anderen Menschen über ihn hinwegzuhelfen. Zuversichtliche Zeiten hoffen auf ein jenseitiges Leben, in welchem die höchsten Wünsche und die eigentliche Bestimmung des Menschen sich erfüllen können, wenn man sich schicklich darauf vorbereitet. Weniger

10 p 4,25 mm Zeilenabstand

Die kleinste Einheit des Zeilenabstandes beträgt 0,25 mm. Gemessen wird von Schriftlinie zu Schriftlinie.

10 p 4,75 mm Zeilenabstand

Der Abstand von Zeile zu Zeile wird manchmal mit ZA abgekürzt. Es gibt spezielle Typometer zum Messen der Abstände.

10p 5,25 mm Zeilenabstand

Der gemessene Abstand enthält wie bei der Schreibmaschine die Schriftgröße plus deren Distanz zur nächsten Zeile.

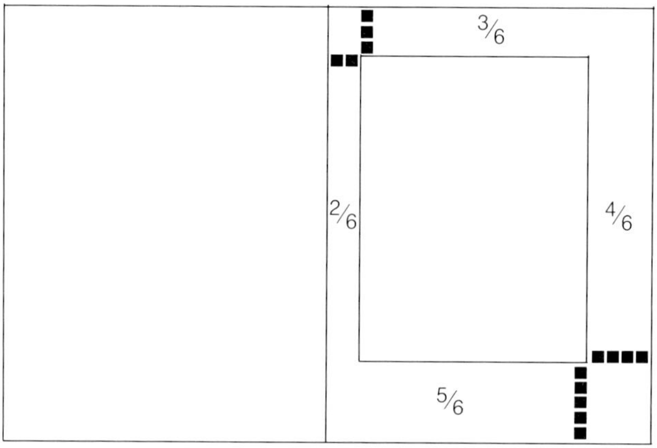
3/6
2/6
4/6
5/6

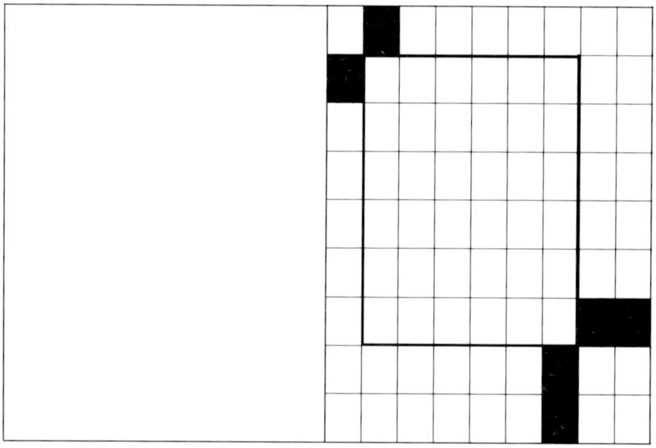

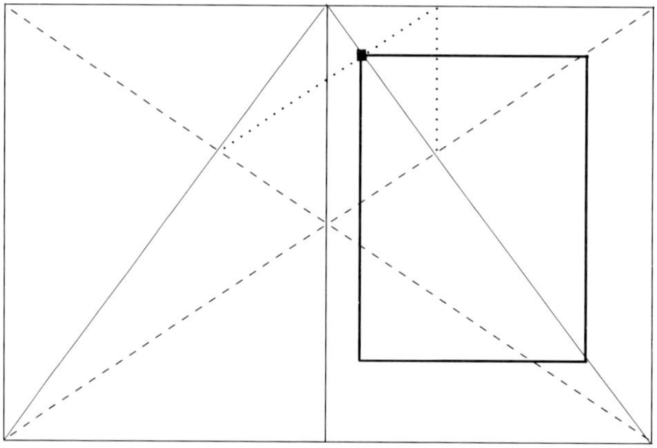

Satzspiegel nach der Faustregel

Die bedruckte Fläche einer Buchseite ohne Seitenzahl (Pagina) nennt man den Satzspiegel. Man nimmt ⅔ der Papierbreite als Satzbreite. Das restliche ⅓ teilt man durch sechs und gliedert den Raum wie nebenstehend abgebildet.

Satzspiegel nach der Neunerteilung

Alle drei aufgeführten Beispiele sind Hilfsmittel. Man kann den Satzspiegel natürlich auch frei bestimmen. Links wird die Seite nach Breite und Höhe in neun Felder unterteilt und darin der Satzspiegel wie gezeigt eingerichtet.

Satzspiegel mit Diagonalen

Die schnellste Art, zu einem Satzspiegel zu gelangen. Zwei Diagonalen über beide Seiten ziehen (- - -), dann je eine Diagonale über je eine Seite (——). Von der Diagonalkreuzung der rechten Seite zur linken wird die Linie (····) erst senkrecht, dann diagonal gezogen. Der Diagonalschnittpunkt (▪) der rechten Seite ergibt das linke obere Satzspiegel-Eck.

Mütterlichen beschrieben hat, ist Ausdruck dieser archetypischen Vorherrschaft der Natur und des Unbewußten über das Leben und ebenso über das unentfaltet kindliche oder das jünglingshaft ohnmächtige Ich und Bewußtsein. Das «Große Weibliche» gebiert und dirigiert in dieser Phase nicht nur das Leben als Ganzes und das Ich als Einzelnes, sondern nimmt auch alles aus ihm Geborene in seinen Ursprungs- und Todesschoß wieder zurück.

Wandlungscharakter

Die dynamische Bewegung innerhalb dieses «Großen Runden», die zum Wandlungscharakter des Weiblichen gehört, nimmt in dieser ersten Phase noch keine eigene Form und Gestalt an. Sie stellt als Bewegung nur die Wandlung innerhalb der Kreisschlange des Uroboros her, denn der Uroboros des Anfangs ist ja nicht nur das Runde, sondern auch das in sich rollende Rad und die Schlange, die zugleich gebiert, zeugt und verschlingt.

Elementarcharakter

Psychologisch besagt das, daß bei der Dominanz des Elementarcharakters alle Wandlungsprozesse noch innerhalb des Unbewußten ablaufen, und daß selbst, soweit es schon zum Beginn der Bildung einer Bewußtseins- und Ichqualität gekommen ist, diese nur für kurze Zeit eine Eigenexistenz besitzt und dann wieder ins Unbewußte rückaufgelöst wird[9].

Die Wandlung

In dem Maße aber, in dem sich die Persönlichkeit differenziert und aus dem Nurunbewußt-Sein heraustritt, wird auch der Wandlungscharakter selbständig und kommt als solcher zur Erfahrung. Der Wandlungscharakter wirkt drängend und zur Entwicklung treibend, er bringt Bewegung und Unruhe. Des-

[9] Mythologisch manifestiert sich diese Konstellation z. B. in der Dominanz der Jahreszeiten, dem festen Schicksalslauf der Sterne oder in der fatalistischen Ausgeliefertheit an numinose Mächte und Götter, von denen das menschliche Leben in entscheidender und fast unabänderlicher Weise abhängt.

Die Teile einer Buchseite

Neben normalem Text und Überschrift können vor allem Lehr- und Sachbücher noch ein, zwei oder drei zusätzliche Vermerke enthalten: den lebenden Kolumnentitel, die Fußnote und Marginalien (Randbemerkungen).
Alle drei sind Konsultationstexte und machen das Buch auch zu einem Nachschlagewerk. Alle drei stehen in Konsultationsgröße: lebender Kolumnentitel und Fußnote innerhalb, die Marginalie außerhalb des Satzspiegels.

Titel:
Blatt:
Zeilen:
Perl 60 Anschläge 4 Schaltungen
normal 60 Anschläge 3 Schaltungen
10
20
25
30
Wir bitten dieses Schema einzuhalten! Es ist maßgebend für die Umfangs- und Honorarabrechnung.
Wird die Begrenzungslinie überschritten, bitten wir dies bei anderen Zeilen auszugleichen.

Die Anschlagzahl

Unter Anschlag versteht man jeden Tastendruck auf der Schreibmaschine. Die Regel sind durchschnittlich 60 Anschläge je Zeile und 30 Zeilen je Blatt. Geschrieben wird normal 1½zeilig. Leseautomaten verlangen zwei Zeilen Abstand, da die Korrektur hier maschinenschriftlich zwischen die Zeilen eingefügt werden muß.

Das Blatt

Alle Blätter werden einseitig beschrieben. Texte, die schon einmal gedruckt wurden, werden ausgeschnitten und auf ein DIN-A-4-Blatt geklebt. Abbildungen werden ebenfalls aufgeklebt, so daß alle Manuskriptteile eine einheitliche Größe erhalten.

Der Umfang

Bei einheitlich beschriebenen Blättern ist der Umfang eines Buches sehr schnell zu ermitteln, da nur die Blatt-Anzahl zu zählen ist. Links ein Vordruck, der Autoren vom Verlag zugeschickt wird, um die Umfangberechnung zu erleichtern.

57 60 63

Schrift - 2

der Maschine aus. Nur sehr schwierige Dinge schreibe ich von vornherein mit der Hand - etwa die Barockgedichte im "Ahasver", soweit sie aus meiner Feder stammen.

Doch Schrift ist ja auch das Gedruckte. Schriftsteller und Schriftsetzer sind zweierlei, aber beide haben es mit der Schrift. Wer je Zeitung gemacht hat, und ich hatte jahrelang damit zu tun, sieht Schrift anders als jene, die nie mit einem Druckprozess zu tun hatten - er sieht sie als Schriftbild, also vom Ästhetischen her, womit wir wieder bei der Kunst wären.

Ich habe das von meinem Metteur in Amerika gelernt, Berger hieß er, in langen Nächten, in denen wir zusammen mein Blatt umbrachen; er arbeitete fürs halbe Geld, nach seiner eigentlichen Schicht, und ich für so gut wie gar keines; wir waren beide Idealisten und hofften, daß unsre Tätigkeit vielleicht dazu beitragen würde, Hitler zu schlagen und eine um ein Geringes bessere Welt zu schaffen. Das war zu einer Zeit, wo die Linotype-Maschine noch Zeile umd Zeile ausspuckte, alle aus Blei, und wo der Metteur Block um Block solcher Zeilen aneinander reihte, die Spatien dazwischenklemmte, die Kolumnen trennte, die Überschriften setzte, ein- oder mehrspaltig, in dem oder jenem Schrifttyp und in verschiedenen Größen; das Ganze muss wohlproportioniert sein, sagte er mir, die Gewichte richtig verteilt, zugleich aber soll es den Blick auf die Punkte lenken, die du betonen willst.

Seither lese ich Zeitungen und Bücher auch mit dem Auge des Typographen; ich ärgere mich über ein schlechtes Schriftbild und bin geneigt, ein Druckwerk beiseite zu werfen, das lieblos oder von unfähigen Leuten gemacht wurde, ganz gleich, was der Inhalt. Das mag falsch sein, weil zu anspruchsvoll; dennoch scheint mir, daß auch der Bescheidenste ein Recht hat

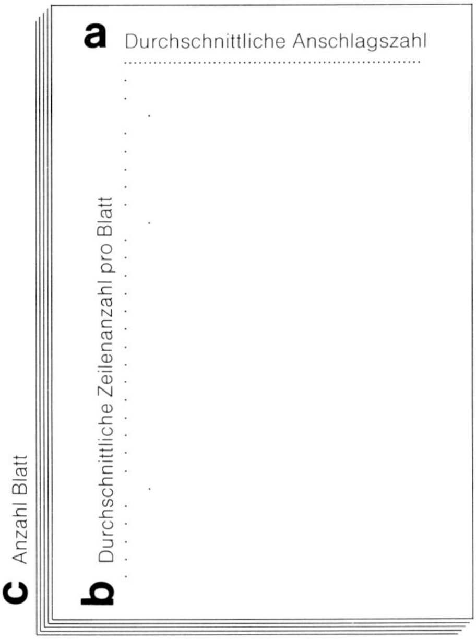

61
58
60
∅ 60

d

Maschine aus. Nur sehr schwierige Dinge schreibe ich von vornherein mit der Hand – etwa die Barockgedichte im »Ahasver«, soweit sie aus meiner Feder stammen.

Doch Schrift ist ja auch das Gedruckte. Schrift*steller* und Schrift*setzer* sind zweierlei, aber beide haben es mit der Schrift. Wer je Zeitung gemacht hat, und ich hatte jahrelang damit zu tun, sieht Schrift anders als jene, die nie mit einem Druckprozeß zu tun hatten – er sieht sie als Schrift*bild*, also vom Ästhetischen her, womit wir wieder bei der Kunst wären.

Ich habe das von meinem Metteur in Amerika gelernt, Berger hieß er, in langen Nächten, in denen wir zusammen mein Blatt umbrachen; er arbeitete fürs halbe Geld, nach seiner eigentlichen Schicht, und ich für so gut wie gar keines; wir waren beide Idealisten und hofften, daß unsere Tätigkeit vielleicht dazu beitragen würde, Hitler zu schlagen und eine um ein geringes bessere Welt zu schaffen. Das war zu einer Zeit, wo die Linotype-Maschine noch Zeile um Zeile ausspuckte, alle aus Blei, und wo der Metteur Block um Block solcher Zeilen aneinander reihte, die Regletten dazwischenklemmte, die Kolumnen trennte, die Überschriften setzte, ein- oder mehrspaltig, in dem oder jenem Schrifttyp und in verschiedenen Größen; das Ganze muß wohlproportioniert sein, sagte er mir, die Gewichte richtig verteilt, zugleich aber soll es den Blick auf die Punkte lenken, die du betonen willst.

Seither lese ich Zeitungen und Bücher auch mit dem Auge des Typographen; ich ärgere mich über ein schlechtes Schriftbild und bin geneigt, ein Druckwerk beiseite zu werfen, das lieblos oder von unfähigen Leuten gemacht wurde, ganz gleich, was der Inhalt. Das mag falsch sein, weil zu anspruchsvoll; dennoch scheint mir, daß auch der Bescheidenste ein Recht hat auf ein bißchen Sorgfalt und Schönheit.

e

Der geschriebene Text

Unser Beispiel zeigt ein Manuskriptblatt, das mit Markierungen am rechten Rand die kürzeste und längste Zeile und damit den Durchschnitt der Anschlagszahl festlegt.
Die kürzeste Zeile (keine Ausgangszeile!) hat 57 Anschläge, die längste 63. Der Durchschnitt beträgt 60 Anschläge. Das Blatt ist mit 30 Zeilen beschrieben.

Der gedruckte Text

Als Zählmuster verwendet man einen Text, der in der gleichen Schrift und Schriftgröße ist, wie der Text, der gedruckt werden soll. Auf ihm mißt man die gewünschte Breite aus. Danach zählt man die Anschläge von drei Zeilen und errechnet sich daraus den Durchschnitt. Dann notiert man sich die Zeilenzahl einer bedruckten Seite.
Nimmt man die Gesamtanschlagszahl des Manuskripts (Anschlag x Zeilen x Blatt, a x b x c) und teilt dies durch die Anschlagszahl einer Druckseite (Anschlag x Zeilen, d x e), erhält man die Zahl der Druckseiten. In unserem Fall: 60 x 30 x 120 : 60 x 31 = 116,13 = 117 Druckseiten.

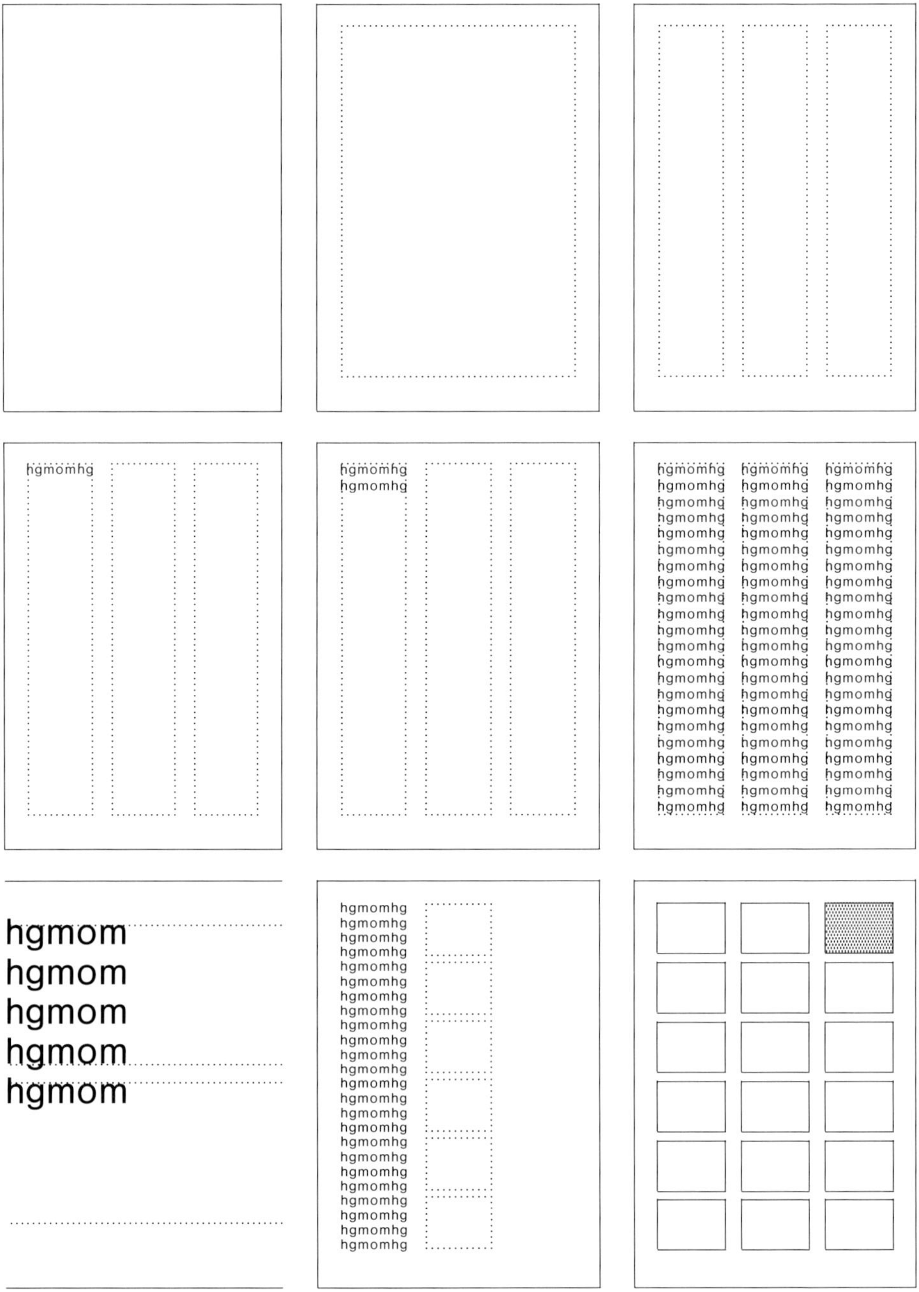

Die Unterteilung der Seite

Als erstes wird das Papierformat festgelegt. Dann bestimmt man die Ränder zur bedruckten Fläche. Anschließend wird die bedruckte Fläche, sie heißt Satzspiegel, in Spalten unterteilt.
Es empfiehlt sich, mehr als zwei Spalten zu wählen, wenn die Gestaltungsmöglichkeiten variabler sein sollen.

Die Einteilung der Spalte

Sobald die Anzahl der Spalten und deren Breite festliegen, werden die Grundschrift und ihre Größe bestimmt. Danach legt man den Abstand zwischen den Zeilen alleine nach dem Kriterium einer guten Lesbarkeit fest, auch wenn die Spaltenhöhe leicht über- oder unterschritten wird.

Die Unterteilung der Spalte

Nun werden mehrere Zeilen zu einer Einheit, dem Rasterfeld, zusammengefaßt. Die Zahl der Rasterfelder muß natürlich in der Zeilenzahl einer Spalte aufgehen. Der Abstand von Rasterfeld zu Rasterfeld ist vertikal gleich dem Abstand von Spalte zu Spalte und horizontal gleich dem Abstand von der Schriftlinie einer Zeile zur Mittellänge Oberkante der darunterliegenden Zeile.

Rasterfeld einspaltig

Abbildungen belegen immer ein ganzes Rasterfeld. Sie dürfen dessen Größe weder über- noch unterschreiten. Text hingegen braucht eine Spalte nicht vollständig zu füllen.

Rasterfeld zweispaltig

Natürlich können Abbildungen auch mehrere Rasterfelder umfassen, und zwar mehrere Felder in der Höhe wie auch in der Breite.

Rasterfeld mehrspaltig

Wieviele Rasterfelder man zur Größe einer Abbildung zusammenfaßt, wird letztlich auch von der Bildauswahl abhängen. Die Deutlichkeit einer Bildaussage darf durch eine zu kleine Darstellung nicht leiden.

$$\sqrt{2}\ \ I_f + U^2 = \underline{\qquad\qquad}\quad \sin \qquad\qquad \underline{\qquad}$$

$$\begin{matrix} 1\ \ - x \\ 1\ \ + 3 - x \end{matrix} \qquad\qquad \begin{matrix} 2 \\ \sqrt{3-4} \end{matrix}$$

$$f \quad 2 \quad n \quad n \quad f \quad m \quad m \qquad 2n + x \qquad f$$

$$\sqrt{\ } \qquad\qquad \int \ \left(\sqrt{\left(\sqrt{\ } \right)} \right)$$

$$\sqrt{2}\ \ I_f + U^2 = \frac{1^n - x_m}{1^n + 3^f - x_m}\int \sin\left(\sqrt[2n\,+\,x]{\left(\frac{2^f}{\sqrt{3-4}}\right)}\right)$$

Die Formelachse	Sie ist der Ausgangspunkt für den Formelaufbau.
Zähler und Nenner	Die Daten oberhalb und unterhalb der Bruchlinie sollten etwas kleiner gesetzt sein als die der Formelachse.
Exponent und Index	Sie sind wiederum deutlich kleiner als der Zähler und Nenner und sind in ihrer Stellung auch klar höher oder tiefer als diese.
Variable Zeichen	Ihre Größe ist immer so bemessen, daß sie die Höhe des nachfolgenden Bruches umfassen.
Die Formel	Bruchlinien sollen etwas länger als der Bruch sein, ebenso die Wurzellinien.

$H_3C-CH_2-CH_2-CH_2-CH_2-CH_3$

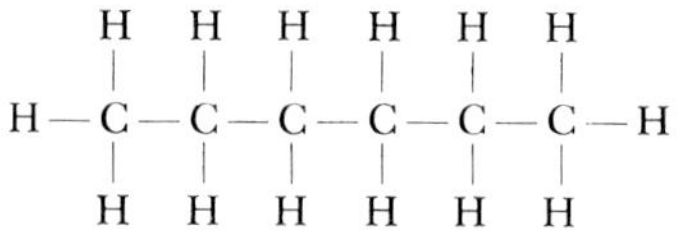

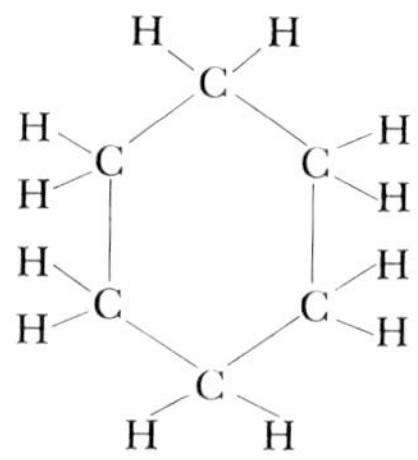

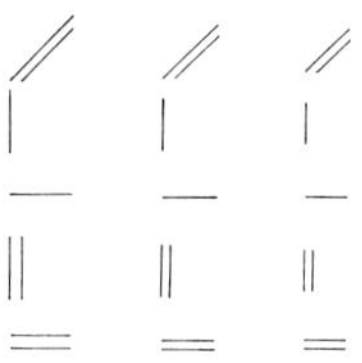

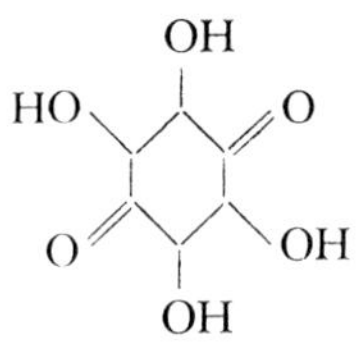

Summenformel

Der Abstand von Operationszeichen zum Element beträgt 2 p, der Abstand zwischen den Elementen 1 p.

Strukturformel

Ihr Aufbau kann horizontal wie auch vertikal gegliedert sein. Der Abstand von Wertigkeitszeichen zum Element sollte einheitlich 2 p messen.

Benzolringe

Sie zählen zu den Strukturformeln und haben den gleichen Formelaufbau. Die Wertigkeitszeichen sind in den verschiedenen Größen zur jeweiligen Schriftgröße passend vorhanden. Die Schriftgröße liegt gewöhnlich im Lesebereich (9 p bis 12 p).

DIN

Gestaltungsbeispiele in Normformat

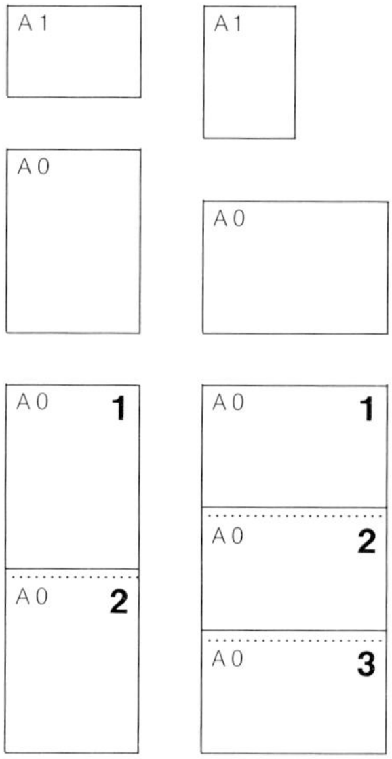

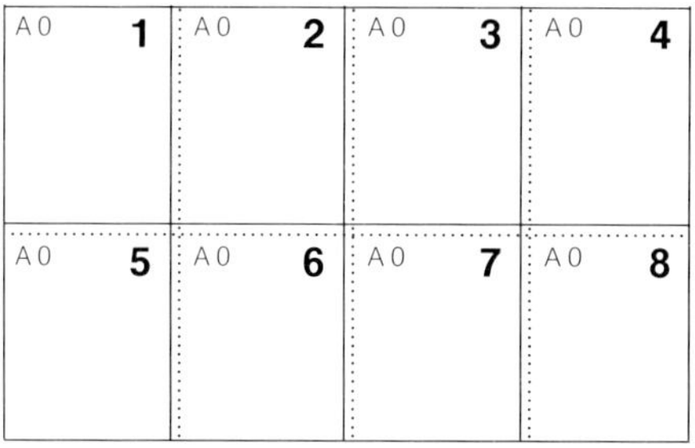

356 x 252 cm

8 Doppelbogen
ca. 89 x 126 cm

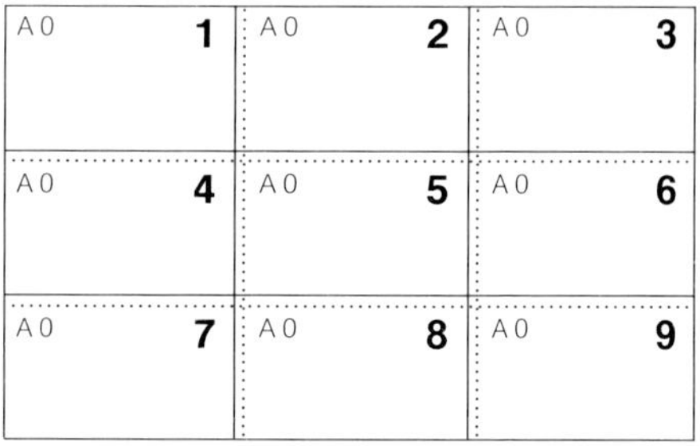

356 x 252 cm

9 Doppelbogen
ca. 119 x 84 cm

Allgemeine Anschlagstellen (A)	Gemeint sind Säulen und Tafeln, die gleichmäßig über das Stadtgebiet verteilt sind (Faustregel: je tausend Einwohner eine Anschlagstelle).
Kostenrechnung	Grundlage für die Anschlagskosten ist der Bogen-Tage-Preis: ein Bogen (A 1), an einem Tag, an einer Stelle. Ein Plakat im Doppelformat (A 0) kostet das Doppelte.
Ganzsäulen (G) und Großflächen (GF)	Ganzsäulen stehen an Brennpunkten der Städte und in Wohngebieten. Sie werden insgesamt von nur einem Kunden beansprucht. Großflächen befinden sich in Gewerbegebieten, an Ausfallstraßen und in den Stadtzentren. Sie können einzeln ausgewählt und belegt werden.

Walter Tafelmaier
Plakate
Plakate und Umschläge
der musica viva Konzerte
des Bayerischen Rundfunks
Akademie
für das Grafische Gewerbe
Pranckhstraße 2
8000 München 2
geöffnet
Montag mit Freitag zu den
Unterrichtszeiten
vom 12.12.1983 – 2.2.1984
Tafelmaier
Plakate

Der Lesetext

Fast alle Plakate besitzen einen Text, der nur aus der Nähe gelesen werden kann und detaillierte Mitteilungen zum Schautext, der Schlagzeile oder Headline, enthält.

Der Schautext

Er hat die Aufgabe, Aufmerksamkeit und Neugierde beim Vorübergehenden zu wecken und ihn anzuhalten, auch den übrigen Text zu lesen.

Roger de Weck über Frankreichs Politiker: Staatsdiener mit Standesdünkel (S. 3)

Stellenangebote
Neue Positionen – neue Aufgaben
Seiten 50–56

DIE ZEIT

Für Ihre Reise:
Angebote – Informationen
Seiten 73–79

Nr. 47 13. November 1987
42. Jahrgang. Preis 3,50 DM

WOCHENZEITUNG FÜR POLITIK · WIRTSCHAFT · HANDEL UND KULTUR

C 7451 C

Kommanditgesellschaft
Zeitverlag Gerd Bucerius GmbH & Co.
Postfach 10 68 20, 2000 Hamburg 1

Ein bißchen Buße, aber keine Reue

Zwischen Macht und Moral: Die CDU spürt den Stachel des Skandals / Von Rolf Zundel

Die Christlich-Demokratische Union hat auf eine ungewöhnlich schwierige Herausforderung eine geschickte Antwort gefunden. Die Selbstbesinnung wurde klug inszeniert, von Parteichef Kohl und Generalsekretär Geißler vorgeführt und von dem Parteitag nicht undankbar erlebt. Die CDU hat ihr Treffen natürlich nicht strahlend beendet, aber sie hat sich Erleichterung verschafft. Wer die Ausgangslage in Rechnung stellt – den monatelangen Streit um Abrüstung und Steuerreform, das Gezänk der Strategiedebatte und schließlich das, „was sich in Kiel zugetragen hat", wie Kohl den Skandal in einer sehr typischen Formel umschrieb –, muß anerkennen, daß schon dies ein Erfolg war.

Geschickt – das Wort nimmt sich in der moralgetränkten politischen Debatte in der Bundesrepublik nicht sehr eindrucksvoll aus. Manchmal wünschte man sich statt dessen angelsächsischen *common sense*, der Regelverletzungen kühler betrachtet – und ohne Umschweife ahndet; dann würden Menschen und Institutionen weniger zerstört. Geschickt soll ja auch nicht heißen, daß der Parteitag das Reinigungsstück der Reden nur als lästige Pflicht betrachtet hatte. Er bedurfte offenbar – im alten Sinn des Wortes – einer Moralpredigt.

Sich in verzweifelter Lage ans Christliche, an Gott, zu erinnern, ist ja so schlecht auch nicht. Wohin sonst soll sich ein Christdemokrat wenden, wenn er nicht mehr weiter weiß? Und das gilt selbst dann noch, wenn die tiefe Weisheit sich schnell in den nützlichen Trost verwandelt, nun sei das Unangenehme erledigt, jetzt könne man weitermachen – etwa nach dem Motto Lothar Späths, der an seinen Wahlkampf dachte: „Jetzt haben wir genug gejammert, jetzt kommt die Zukunft, die packen wir an."

Es könnte sein, daß die CDU in ihrer Not sich einen sehr anspruchsvollen Verbündeten gesucht hat. Im christlichen Glauben, auch wenn er konservativ domestiziert ist, steckt sehr viel mehr revolutionäres Potential als im neugewählten CDU-Präsidium. Wer sich ernsthaft auf ihn einläßt, kann seine Wirkung nicht auf den Paragraphen 218 begrenzen, sie greift über auf Menschenrechte und Friedenspolitik.

Der analytische Befund, nicht als Vorwurf formuliert, ist eindeutig: Der Kieler Skandal wurde nach einem nicht unbekannten Muster verarbeitet, Schuld wurde zur „Tragik", zur „Heimsuchung", erkennbar wurde nur ein „Unseliger" namens Pfeiffer, mit dem niemand wirklich etwas zu tun hatte. Als die eigentlichen Gegner werden diejenigen dargestellt, die der CDU eine Vergangenheitsbewältigung aufnötigen, vor allem die SPD und die Presse, Mitschuldige außerdem. Wahrscheinlich ist es in einer solchen Situation zuviel verlangt, ganz auf Lebenslügen zu verzichten. Gerade daran zeigt sich, wie tief der Fall Barschel die Partei getroffen hat. Der Stachel schmerzt, und ein wenig Katharsis läßt sich nicht vermeiden.

Widersprüche einer Volkspartei

Es war schon eine Art Ausnahmezustand, in dem sich die CDU auf ihrem Bonner Parteitag präsentierte. Das ganze Spektrum einer Volkspartei mit all ihren Widersprüchen wurde ausgebreitet. Sonderinteressen, Nöte wurden – Selbstbesinnung hin oder her – ziemlich kräftig zu Gehör gebracht: An der Spitze marschierte, wie gewohnt, die Landwirtschaft, gefolgt vom Bergbau; da durfte der Mittelstand nicht fehlen, und auch die Sozialausschüsse konnten nicht zurückstehen. Die Kreisverbände und die Bundespartei rauften um die Finanzen. Selbstbewußte, manchmal auch leitartikelnd-nörgelnde Basisdemokraten attackierten Parteiführung und Versammlungsleitung. Beifall für Heiner Geißler, der von der CSU Loyalität wenigstens im Wahlkampf einforderte; Zustimmung auch für einen Delegierten, der mahnte, die Bayern nicht zu reizen. Schweigende Hinnahme der unangenehmen Wahrheit, daß ohne die FDP in Bonn nicht zu regieren sei, zugleich aber auch lauter Zorn über den unverschämten Partner.

Vor allem jedoch wurde um Heiner Geißlers Konzept einer Öffnung für neue Wähler gestritten. Norbert Blüm verkündete selbstbewußt, er wolle „ran an den Wählerspeck der SPD". Dagegen landete der Fallschirmspringer und Kultusminister zu Stuttgart, Mayer-Vorfelder, im konservativen Kampfanzug mitten im Traditionslager der Partei, unter denen, „die treu zu uns gehalten haben über die Jahrzehnte".

Auf den Begriff gebracht: Die CDU ist, mit allen Vor- und Nachteilen, eine wirkliche Massenpartei geworden, die, wenn auch in anderer Gruppierung als die SPD, ähnliche Spannungen auszuhalten hat wie die Sozialdemokraten und auch auf ähnliche Schwierigkeiten stößt wie damals die SPD in der Regierung: Die „Grundsatztreuen" finden sich nur schwer mit dem Kabinettspragmatismus ab.

Es gibt in der CDU zweifellos eine starke Kerntruppe, die in einem Weltbild zu Hause ist, wie es die *Frankfurter Allgemeine Zeitung* am deutlichsten und wirkungsvollsten vermittelt: Nicht die Partei muß sich ändern, die Verhältnisse müssen es. Die Klage über die nicht vollzogene Wende zur Modernisierung der Wirtschaftspolitik verbindet sich mit militanter Traditionswahrung in allen anderen Bereichen. Diese Gruppe kann es nicht verwinden, daß die Koalition – etwas grob ausgedrückt – den späten Sozialdemokratismus fortsetzt, Kontinuität wahrt, wenn auch mit einigen konservativen Impulsen aufgefrischt.

Daneben finden sich in vielen Schattierungen andere Gruppen, die moderne Antworten suchen in der Erkenntnis: Die Verhältnisse haben sich so gründlich gewandelt, daß auch die Partei sich wandeln muß, wenn sie ihnen gerecht werden will. Sie wissen, daß Grundsätze nicht das Nachdenken ersetzen. Traditionalisten und Modernisten aber müssen einen weiten Weg gehen, bis sie einander begegnen. Die Distanz zwischen dem Fraktionssprecher des CDU-Mittelstands und der „Frauenministerin" ist kaum geringer als die eines SPD-Betriebsrats zur angegrünten Sozialarbeiterin.

Was in der Oppositionsrhetorik noch verdeckt war – die Entscheidungsnotwendigkeit in der Regierung hat es offengelegt, und die Kieler Affäre hat es noch deutlicher gemacht: Schnelle Einigungsformeln greifen nicht mehr; die Spannungen müssen ertragen werden. Was aber tun?

Gefragt ist einmal der *common sense* einer Regierungspartei, der die Grenzen politischer Möglichkeiten wahrnimmt. Für diese Grenzen steht Helmut Kohl. Er entspricht nicht dem Idealbild eines Kanzlers, aber es ist weit und breit kein anderer mehr zu sehen, der die Koalition zusammenhalten könnte. Mit Kohl zu regieren mag schwer sein, ohne ihn ist es unmöglich. Diese nüchterne Erkenntnis fällt manchen in der CDU schwer. Der alte, scheinbar provinzlerische Spruch Kohls, entscheidend sei, was hinten rauskomme, verrät aber sehr viel mehr politische Klugheit als zum Beispiel die Suada eines Bonner Delegierten über das Thema, der Kanzler müsse jetzt endlich ein Machtwort sprechen.

Gesteuerte Diskussion

Gefragt ist zum anderen eine Abkehr von jener verbockten Geschlossenheit, in der die traditionelle CDU Genüge findet. Notwendig ist eine klug gesteuerte Diskussion. Die Unruhe muß Themen finden und muß sich durchkämpfen können bis zu Entscheidungen, auch wenn sie für einen Teil der Partei schmerzhaft sind. Der Programmparteitag wird zwar schwierig werden, aber er ist überfällig.

Viel ist es ja nicht mehr, was die Union von der Rückkehr auf die Oppositionsbänke trennt. Eine gute Zukunft zu beschwören, reicht nicht aus. Diese Botschaft könnte sich sogar gegen die Union kehren; so günstig sind die Indikatoren der Wirtschaft nicht. Was der Union gegenwärtig noch einige Sicherheit gibt, ist vielmehr der Umstand, daß die SPD als Oppositionspartei festgeschrieben, auch anerkannt ist; die Mehrheit der Wähler möchte sie in dieser Rolle festhalten. Aber diese Anerkennung geht immerhin schon so weit, daß die Sozialdemokraten gute Chancen haben, ihre Stellung bei Landtags- und Kommunalwahlen (zuletzt in Nürnberg) auszubauen. Mit solchen Erfolgen wächst auch in der Wahrnehmung der Wähler die Regierungskompetenz der SPD.

Um noch einmal auf das Muster zurückzukommen, in dem die CDU den Kieler Schock verarbeitet hat: Flucht in die Arbeit macht es erst vollständig. Dies muß nicht unbedingt nur negativ sein; es gibt ja auch eine Arbeitstherapie, in der vielleicht sogar ein wenig der beschworenen Selbstbesinnung zur politischen Praxis gerät. Sehr viel Zeit dafür bleibt der CDU allerdings nicht.

Ebbe

Kopf im Sumpf

Trotz Kieler Affäre: Außenpolitik tut not / Von Theo Sommer

Es wäre eine Illusion zu glauben, die Weltgeschichte höre auf, bloß weil sich die Bundesrepublik der Nabel- und Eingeweideschau hingibt. Die Bewältigung der Kieler Krise ist wichtig, gewiß. Aber es kann nicht das Alpha und Omega westdeutscher Politik sein, einfach den Kopf in den Sumpf zu stecken.

Das Grollen an den Börsen und der Verfall des Dollars dauern fort – eine entschiedene Bonner Haltung ist nirgendwo zu erkennen. Die Stagnation der Europäischen Gemeinschaft hat auch damit zu tun, daß Bonn sich hilflos aus dem Geschehen ausblendet und das Feld den Lobbyisten und Bürokraten überläßt. Die Golf-Krise ist momentan aus den Schlagzeilen verdrängt, aber deswegen nicht minder gefahrenträchtig; ihr ausweichendes Finassieren wird die Bundesregierung auf die Dauer nicht als Politik ausgeben können. Im Ost-West-Verhältnis hält der Außenminister die Fahne der Kontinuität hoch, eine klare Einschätzung des Phänomens Gorbatschow wird indessen nicht sichtbar. Auf der Abrüstungsbühne schließlich agieren unsere Politiker und Staatsmänner mit jämmerlicher Zweideutigkeit.

Da wird in vier Wochen am Potomac das amerikanisch-sowjetische Abkommen über die Beseitigung der Mittelstreckenwaffen in Europa und Asien unterzeichnet werden – eigentlich ein Triumph der westlichen Diplomatie. Darüber aber, wie es anschließend weitergehen soll, herrscht Uneinigkeit nicht nur im westlichen Bündnis, sondern auch innerhalb der Bonner Regierungsparteien. Die Amerikaner wollen die Kurzstrecken-Atomwaffen kräftig aufstocken; von 500 modernisierten Lance-Raketen mit einer auf knapp 500 Kilometer verlängerten Reichweite ist die Rede (heute 88 Stück, 115 Kilometer). Zugleich denken sie daran, die zu Lande abgebauten Mittelstreckenpotentiale durch die Stationierung neuer Systeme auf See oder in der Luft zu kompensieren, und drängen auf eine Verstärkung der konventionellen Nato-Streitkräfte in Europa. Entschiedener noch als Washington sträubt sich London dagegen – Paris sowieso –, im nächsten Abrüstungsschub die Atomwaffen unter 500 Kilometer Reichweite abzubauen, die überwiegend auf dem Gebiet der Bundesrepublik postiert sind.

Bonn aber spricht mit gespaltener Zunge. Der Bundesverteidigungsminister erklärt den im kalifornischen Monterey versammelten Nuklearplanern des Bündnisses, über die Kurzstreckensysteme könne erst verhandelt werden, wenn die Sowjets vorher ihre konventionelle Überlegenheit abgebaut hätten; die Fraktionschefs der Unionsparteien ermahnen ihn telegraphisch, „im Sicherheitsinteresse des deutschen Volkes" die Kurzstreckenwaffen bei der Rüstungskontrolle nicht zu vernachlässigen; der Bundesaußenminister plädiert für parallele Verhandlungen über konventionelle Abrüstung und die Verminderung der verbleibenden Atompotentiale in Europa. Was soll gelten?

Die Fakten sind klar und auch das deutsche Interesse, das in diesem Falle sogar ein gesamtdeutsches Interesse ist. Auf östlicher Seite stehen insgesamt 1430 Kurzstreckenraketen (634 Scud-B, 124 SS-21, 672 Frog), auf westlicher Seite 88 Lance-Raketen (100 nach 30 Tagen). Wer es ernst meint mit der Parole „Je kürzer die Raketen, desto toter die Deutschen", muß diese Potentiale beseitigen wollen; eine dritte Null-Lösung im Band 75 bis 500 Kilometer wäre ein Gebot der Vernunft. Wer es ernst meint mit der Eliminierung der Mittelstreckenwaffen, darf das INF-Abkommen auch nicht durch die Postierung neuer luft- oder seegestützter Systeme umgehen – die Sowjets würden es uns nur mit gleicher Münze heimzahlen. Und jeder, dem es wirklich um Abrüstung zu tun ist, muß auch das Arsenal der 4600 Atomwaffen meist kürzester Reichweite – rund 4000 davon auf bundesrepublikanischem Territorium – vermindern wollen, die unser Land nur verwüsten, nicht aber verteidigen können.

Eine Minimalzahl von diesen Gefechtsfeldwaffen muß wohl bleiben (und mag auch technisch modernisiert werden), solange die sowjetische Überlegenheit auf dem konventionellen Felde besteht. Wenn Gorbatschow jedoch wirklich zu einschneidender Verminderung seiner klassischen Streitkräfte bereit ist, obendrein zu asymmetrischer Verminderung seines Offensivpotentials – dann darf auch die Vorstellung eines kernwaffenfreien Mitteleuropas nicht länger mit einem Tabu belegt werden. Wohl reicht es nicht aus, den Kremlchef beim Wort zu nehmen – auf Taten kommt es an. Zeigt er sich dazu allerdings bereit, dann wäre die Stunde gekommen, die alten Bedrohungsvorstellungen zu revidieren und die militärischen Mittel neuen politischen Zwecken unterzuordnen.

Es ist höchste Zeit, daß die Koalition dieses Thema in aller Breite und aller Öffentlichkeit diskutiert, anstatt sich hinter dem Geheimhaltungsbedürfnis der Militärs und dem Ruhebedürfnis der Politiker zu verstecken. Dabei sollte niemand so tun, als sei eine Verstärkung der konventionellen Verteidigung in den Ländern des Westens eine reale Möglichkeit; dafür findet sich weder in den Finanzen noch in der Demographie eine Grundlage. Dies gilt auch für den Fall, daß die Amerikaner aus historischer Ermüdung oder unter ökonomischem Zwang ihre europäische Garnison vermindern. Wer Stabilität sucht, muß sie auf niedrigerem Niveau suchen, nicht auf höherem. Dem Imperativ der Abrüstung sollte sich im Osten wie im Westen niemand entziehen.

Der Kieler Skandal hat die Republik erschüttert. Doch die unumgängliche Selbstreinigung darf nicht den Blick trüben für das, was Bismarck „die auswärtigen Dinge" nannte. Die Bundesrepublik, die ein Drittel ihres Sozialprodukts exportiert, lebt davon, daß die Weltwirtschaft läuft, ihr Interesse daran, daß nicht eine globale Rezession über sie hereinbricht, muß in jedem Falle größer sein als die Bewahrung ihrer monetaristischen Unschuld. Und eine erträgliche Zukunft haben die Deutschen – beiderlei Deutsche – nur dann, wenn Abrüstung endlich aus der Sphäre der hehren Anrufungen geholt und in die Wirklichkeit umgesetzt wird.

Es gibt in den auswärtigen Dingen Momente, „die nicht wiederkommen" – Bismarck hat es gewußt. Weiß es die gegenwärtige Bundesregierung? Mag sein, daß sie sich, hoffnungslos verstrickt in den inneren Wirrwarr, dieser Einsicht verschließt und damit den Augenblick des weltwirtschaftlichen Handelns wie die Chance fortschreitender Abrüstung verspielt. Sie würde es büßen müssen: Nichts könnte den nächsten Machtwechsel stärker beschleunigen als solch doppeltes Versagen.

DIESE WOCHE

Das Gold, die Liebe, der Tod
Zum erstenmal sind in Deutschland die meisterhaften Miniaturen und Schmuckstücke des Belle-Epoque-Künstlers René Lalique in einer Ausstellung zu sehen: das Lebensgefühl der Jahrhundertwende in edles Metall gegossen, Frauenträume in feinstes Filigran gearbeitet

Die Reise zu Don Giovanni

Mozart auf der Reise nach Prag: Vor 200 Jahren, am 29. Oktober 1787, hatte „Don Giovanni" an der Moldau Premiere. Wie kein anderes Werk der Musikgeschichte hat diese „Oper aller Opern" die Nachwelt inspiriert und bewegt. Sie machte die populärste Theaterfigur ihrer Zeit unsterblich. „Don Giovanni" entstand am Bruch der Epoche: Der Held ist die Symbolgestalt des 18. Jahrhunderts, die Oper weist in die Zukunft. Joachim Riedl verfolgte die weit verzweigten Spuren.

Dossier: Seiten 13 bis 16

Ein Mord für zwanzig Mark

Michael Stührenberg: Was tut die Regierung in Bogotá gegen den „vorbeugenden Terror"?

Extra: Seiten 45 bis 48

Hilflosigkeit

Erst die Aktien, dann der Dollar – gut drei Wochen dauert nun schon der Kollaps an den internationalen Finanzmärkten, und nichts deutet auf ein baldiges Ende dieser Misere hin.

Von wem, wenn nicht von den gewählten und ernannten Krisenmanagern, den Wirtschaftspolitikern und Notenbankchefs in den Industrieländern, können die verstörten Bürger eigentlich Rat und Hilfe erwarten? Aber auch da sieht es düster aus. Nach dem absurden Streit zwischen den Vereinigten Staaten, Japan und Europa über Schuld und Sühne nach dem Börsenkrach herrscht jetzt nur noch Untätigkeit: Die Notenbankchefs warten auf Entscheidungen der Finanzpolitiker, die wiederum hoffen auf einen endgültigen Beschluß Ronald Reagans, das Defizit im amerikanischen Bundeshaushalt kräftig zu kürzen, und der Präsident schließlich setzt offensichtlich darauf, daß der Spuk von selbst verschwindet.

Die Gralshüter der Marktwirtschaft in den konservativen Regierungen in Amerika, Großbritannien und auch hierzulande zeigen jedenfalls ein denkbar unterentwickeltes Gespür für die Nöte und Ängste der Finanzmärkte. Wann endlich finden die Politiker eine gemeinsame und überzeugende Antwort auf den Börsenkrach, wann handeln sie gegen die Gefahren für die Konjunktur?

bm

An der Grenze

Beim Geld hört auch die Gesundheit auf – wie anders soll der verstörte Verbraucher die Unfähigkeit der EG-Regierungen deuten, sich auf einheitliche Obergrenzen für die Radioaktivität von Lebensmitteln zu einigen? Am Sonntag ging man in Brüssel wieder ergebnislos auseinander. Ob es, wie vorgesehen, Ende November zur Verständigung kommt, ist mehr als ungewiß. Zu weit klaffen die Vorstellungen auseinander.

Gleich nach Tschernobyl galt in der ganzen Gemeinschaft: 370 Becquerel bei Milch und Milchprodukten, 600 Becquerel in anderen Eßwaren. Der Schock ist abgeklungen: 1000 respektive 1250 sollen es heute schon sein, meint die Kommission, und sogar 4000/5000 Becquerel wurden ernsthaft als erlaubtes Maß vorgeschlagen. Je höher der Grenzwert, desto geringer die Menge der Produkte, die als verseucht vom Markt genommen werden müssen. Das Geschäft zählt, nicht die Gefahr.

Bonn hat bis jetzt hinhaltend-zähen Widerstand gegen eine Lockerung der alten Grenzwerte geleistet, ein mögliches Einlenken freilich schon angedeutet – ein Fehler, sachlich wie politisch. Der verständliche Wunsch, zu einheitlichen Regelungen zu gelangen, rechtfertigt nicht ein Handeln wider besseres Wissen. Jetzt muß sich erweisen, ob Verantwortung über einen Egoismus siegen kann, der sich europäisch tarnt. Das Getöse um die Abgaswerte für Autos ist schließlich nicht vergessen.

H. B.

Gescheitert

Auch Klaus von Dohnanyi hat einen Kurssturz zu notieren. Jedenfalls muß der Bürgermeister der Hansestadt inzwischen das erhebliche politische Kapital abschreiben, das er nach eigenen Worten investiert hat in eine vertragliche Bereinigung der Situation in der Hamburger Hafenstraße. Aber auch nach der letzten Frist waren die „militärischen" Befestigungen an den besetzten Häusern nicht abgebaut worden, im Gegenteil: „Kampf", so lautet dort die Parole.

Es ist gewiß nicht Dohnanyis Schuld, daß die schiedliche Regelung endgültig scheitert; das haben allein jene gewaltwilligen Bewohner zu verantworten, denen die Machtfrage vor die Mietfrage geht, denen das militante Wähnen wichtiger ist als das friedliche Wohnen. Aber der Bürgermeister täuschte sich sehr lange und wider realistischen Rat über Willen und Vorstellungen seiner vermeintlichen Verhandlungspartner. Im Grunde hatte er eine widersprüchliche Strategie verfolgt: Er wollte dieses Dauerproblem der Stadt abdrängen in die Sphäre eines privaten Modells – und zog es zu diesem Zweck erst einmal ganz an sich. Doch mit dem Stichwort „Chefsache" provozierte er erst recht den Widerstand der Militanten und die Schadenfreude der Parteifreunde.

Das Zerbrechen der Illusionen wird Dohnanyis solistischer Selbsteinschätzung schaden. Schade um das politische Kapital, das da verspielt wurde.

R. L.

C 7451 C

ZEIT

Der Kopf
Er ist das Ladenschild einer Zeitung. Der Namenszug besteht meist aus einer gezeichneten und nicht aus einer gesetzten Schrift.

Kopf im Sumpf

Erste Stufe
Eine größere Schrift ist für den Leser immer das Signal für eine wichtigere Botschaft.

Trotz Kieler Affäre: Außenpolitik tut not / Von Theo Sommer

Zweite Stufe
Da die Hauptrubrik einem Lockruf gleicht, bedarf sie einer kurzen Erläuterung, wohin sie den Leser locken will.

Es wäre eine Illusion zu glauben, die Weltgeschichte höre auf, bloß weil sich die Bundesrepublik der Nabel- und Eingeweideschau hingibt. Die Bewältigung der Kieler Krise ist wichtig, gewiß. Aber es kann nicht das Alpha und Omega westdeutscher Politik sein, einfach den Kopf in den Sumpf zu stecken.

Das Grollen an den Börsen und der Verfall des Dollars dauern fort – eine entschiedene Bonner Haltung ist nirgendwo zu erkennen. Die Stagnation der Europäischen Gemeinschaft hat auch damit zu tun, daß Bonn sich hilflos aus dem Geschehen ausblendet und das Feld den Lobbyisten und Bürokraten überläßt. Die Golf-Krise ist momentan aus den Schlagzeilen verdrängt, aber deswegen nicht minder gefahrenträchtig; ihr ausweichendes Finassieren wird die Bundesregierung auf die Dauer nicht als Politik ausgeben können. Im Ost-West-Verhältnis hält der Außenminister die Fahne der Kontinuität hoch, eine klare Einschätzung des Phänomens Gorbatschow wird indessen nicht sichtbar. Auf der Abrüstungsbühne schließlich agieren unsere Politiker und Staatsmänner mit jämmerlicher Zweideutigkeit.

parteien ermahnen ihn telegraphisch, „im Sicherheitsinteresse des deutschen Volkes" die Kurzstreckenwaffen bei der Rüstungskontrolle nicht zu vernachlässigen; der Bundesaußenminister plädiert für parallele Verhandlungen über konventionelle Abrüstung und die Verminderung der verbleibenden Atompotentiale in Europa. Was soll gelten?

Die Fakten sind klar und auch das deutsche Interesse, das in diesem Falle sogar ein gesamtdeutsches Interesse ist. Auf östlicher Seite stehen insgesamt 1430 Kurzstreckenraketen (634 Scud-B, 124 SS-21, 672 Frog), auf westlicher Seite 88 Lance-Raketen (100 nach 30 Tagen). Wer es ernst meint mit der Parole „Je kürzer die Raketen, desto toter die Deutschen", muß diese Potentiale beseitigen wollen; eine dritte Null-Lösung im Band 75 bis 500 Kilometer wäre ein Gebot der Vernunft. Wer es ernst meint mit der Eliminierung der Mittelstreckenwaffen, darf das INF-Abkommen auch nicht durch die Postierung neuer luft- oder seegestützter Systeme umgehen – die Sowjets würden es uns nur mit gleicher Münze heimzahlen. Und jeder, dem es wirklich um Abrüstung zu tun ist, muß auch das Arsenal der 4600 Atomwaffen meist

Dritte Stufe
Die detaillierte Information unterliegt den gleichen Kriterien, wie der Erzähltext in guten Büchern. Schriftgröße, Zeilenlänge und Zeilenabstand sind wichtige Faktoren guter Lesbarkeit.

Neumond	Neumond	♒ Januar	♌ Juli
zunehmend	zunehmend	♓ Februar	♍ August
Vollmond	Vollmond	♈ März	♎ September
abnehmend	abnehmend	♉ April	♏ Oktober
		♊ Mai	♐ November
		♋ Juni	♑ Dezember

0123456789 0123456789

	1	2	3	4	5	6	7	8	9	10	11	12	13
14	15	16	17	18	19	20	21	22	23	24	25	26	27
28	29	30											
Montag	Dienstag	Mittwoch	Donnerstag	Freitag	Samstag	Sonntag	Montag	Dienstag	Mittwoch	Donnerstag	Freitag	Samstag	Sonntag

SUN 日	3			SUN 日	10	
MON 月	4			MON 月	11	
TUE 火	5			TUE 火	12	
WED 水	6			WED 水	13	
THU 木	7			THU 木	14	
FRI 金	8			FRI 金	**15**	Coming of Age Day 成人の日
SAT 土	9			SAT 土	16	

Die Teile

420 x 594 mm **A 2**

Die Zeichen

Während Tierkreiszeichen heute nur noch schmückenden Charakter besitzen, gehören die Mondphasenzeichen zum festen Bestandteil des Kalenders.

Die Ziffern

Wir unterscheiden zwischen Versalziffern (links) und Minuskelziffern (rechts). Minuskelziffern sind besser lesbar als Versalziffern.

Das Kalendarium

Datum, Tag und Monat müssen klar erkennbar sein. Die Wirtschaft legt zudem großen Wert auf die Angabe der Kalenderwochen.

bücher bücher
bücherstube
pollner
Bücher in Planegg
Bahnhofstraße 22
Passage Sport Brugger/Cafe Macher
Bücher in Gräfelfing
Am Bahnhofsplatz
Lochham
Am S-Bahnhof

Die »laufende« Werbung

Ihre Gestaltung ähnelt der eines Kleinplakates. Auch hier gibt es eine Schlagzeile – den Firmennamen – und kleineren Lesetext, meist die Adresse des Unternehmens und seine Dienstleistung.

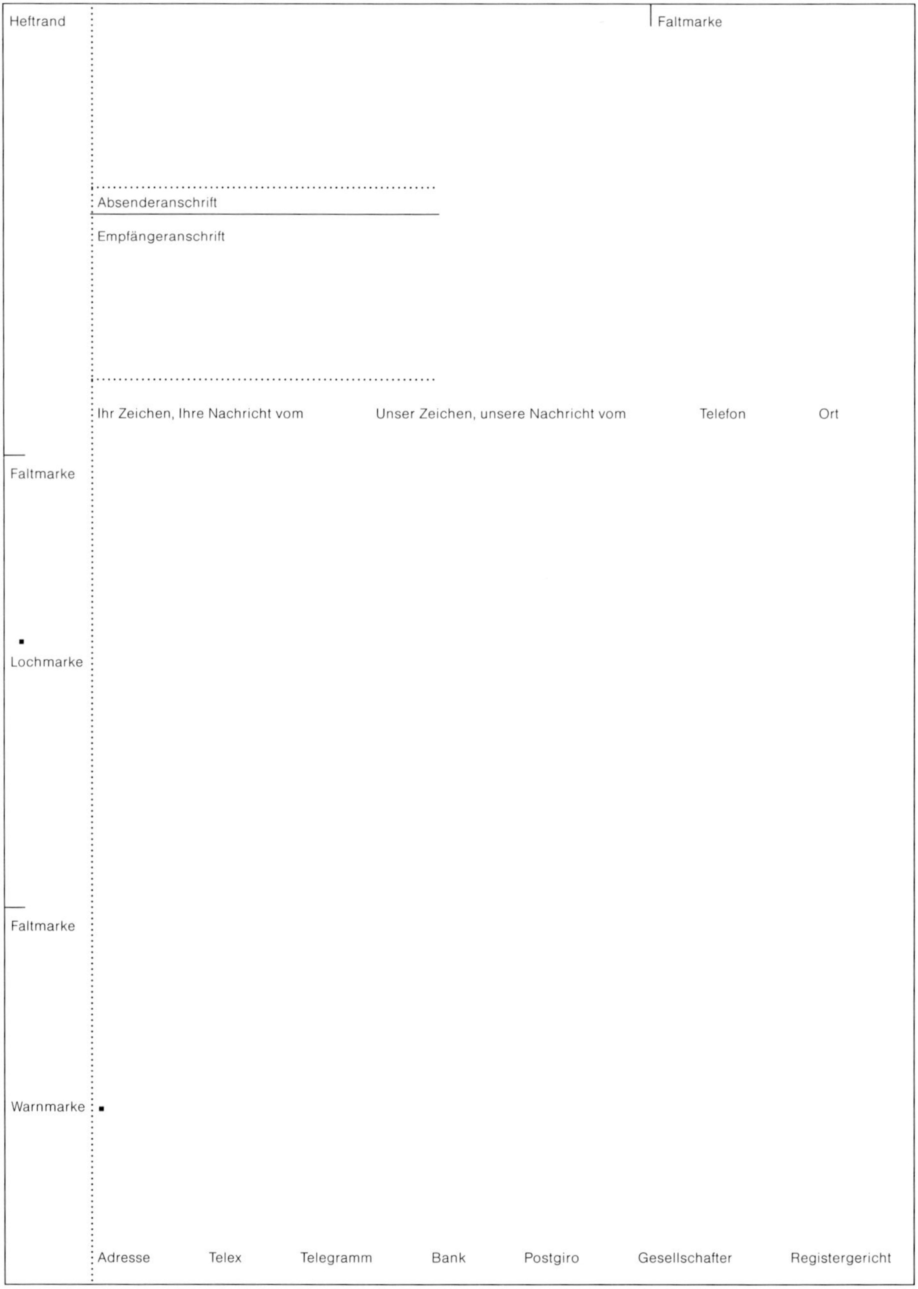
Heftrand
Faltmarke
Absenderanschrift
Empfängeranschrift
Ihr Zeichen, Ihre Nachricht vom
Unser Zeichen, unsere Nachricht vom
Telefon
Ort
Faltmarke
Lochmarke
Faltmarke
Warnmarke
Adresse
Telex
Telegramm
Bank
Postgiro
Gesellschafter
Registergericht

Die Norm
Sie dient mit ihren Maßvorschriften der rationellen Abwicklung des Schriftverkehrs. Maßangaben im oberen Bereich sind zu beachten, wenn Briefe in Fensterhüllen versandt werden.

Das Beschreiben
Bestimmte Angaben wie Anschrift, Bezugszeichen und Datum werden an bestimmten Stellen des Briefblattes erwartet. Die Warnmarke (ein kleiner Punkt) zeigt an, daß noch 40 mm Platz oder 9 Schreibzeilen verfügbar sind. Nicht vom Blattende, von der obersten Zeile des Fußtextes wird gerechnet.

Das Verschicken
Bei Fensterhüllen braucht die Hülle nicht mehr beschrieben zu werden. Man spart sich den Absenderaufdruck auf der Hülle und schließt ein falsches Kuvertieren aus. Damit Absender und Anschrift auf dem Briefblatt richtig im Fenster stehen, müssen Absender- und Anschriftenfeld eingehalten und das Briefblatt entlang den Faltmarken (4,5 mm lange dünne Linien, zweimal 10,5 cm von oben) gefaltet worden sein.

Das Ablegen
Die linke Seite des Briefblattes beansprucht einen 20 mm breiten Heftrand. In halber Blatthöhe wird die Lochmarke (kleiner Punkt) abgedruckt.

Die Bezugszeichen
»Ihr Zeichen, Ihre Nachricht vom«
»Unser Zeichen, unsere Nachricht vom«
»Telefon« (mit Vorwahl und Durchwahl)
»Ort und Datum« stehen in dieser Reihenfolge unterhalb der Anschrift.

Die Geschäftsangaben
Sie befinden sich am Fuße des Briefblattes und enthalten Absenderadresse, Fernschreiber (Telex), Drahtwort (Telegrammadresse), Bankkonten, Postgiro, Geschäftsführer, Amtsgericht und Register-Nummer.

Die Zahlen
Bei Fernsprecherangaben steht die Vorwahl in Klammern. Alle Nummern werden von rechts nach links in je 2 Stellen abgeteilt, Fernschreibnummern (Telex) je 3 Stellen von rechts. Die Amtskennzahl wird von der Nummer getrennt. Bankkonten geht die Bankleitzahl (BLZ) in Klammern voraus. Sie ist von rechts in 2 und dann in 3 Stellen unterteilt. Das Konto wird in je 3 Stellen von rechts gegliedert. Beim Postgiro wird die Bankleitzahl wie bei Bankkonten behandelt. Das Konto wird 2 Stellen vor dem Bindestrich getrennt.

Die Zeichen
Anstelle der Bezeichnungen »Telefon« oder »Fernsprecher«, »Telex« oder »Fernschreiber«, »Telegrammadresse« oder »Drahtwort« können die entsprechenden Symbole verwendet werden.

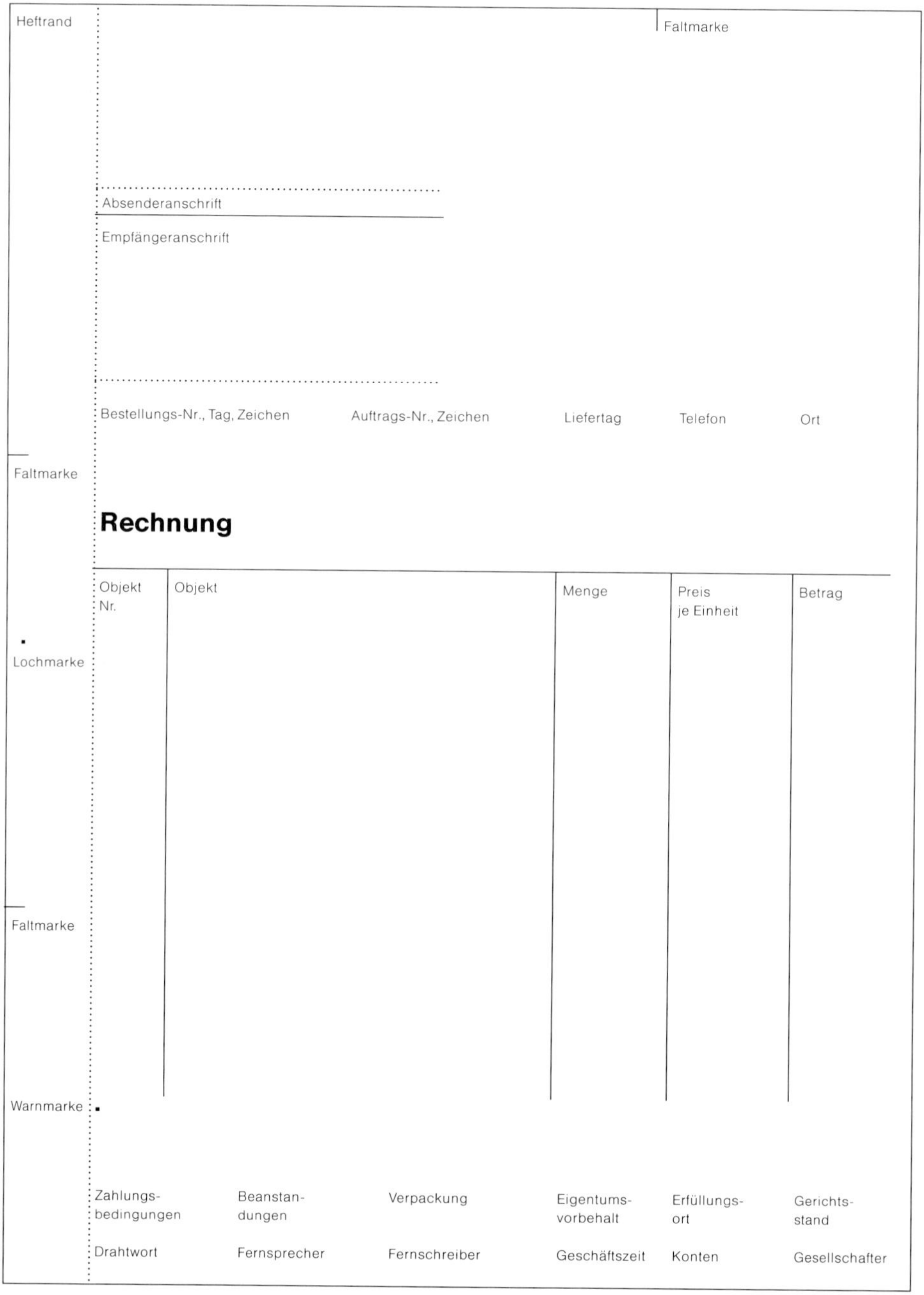
Heftrand
Faltmarke
Absenderanschrift
Empfängeranschrift
Bestellungs-Nr., Tag, Zeichen
Auftrags-Nr., Zeichen
Liefertag
Telefon
Ort
Faltmarke
Rechnung
Objekt Nr.
Objekt
Menge
Preis je Einheit
Betrag
Lochmarke
Faltmarke
Warnmarke
Zahlungs-bedingungen
Beanstan-dungen
Verpackung
Eigentums-vorbehalt
Erfüllungs-ort
Gerichts-stand
Drahtwort
Fernsprecher
Fernschreiber
Geschäftszeit
Konten
Gesellschafter

Auftragsbestätigung, Lieferschein und Rechnung sind wie das Briefblatt aufgebaut. Alle Marken decken sich mit denen des Briefblattes.

Die Bezugszeichen
Hier stehen:
»Bestellungs-Nr., Tag, Zeichen«
»Auftrags-Nr., Zeichen«
»Liefertag«
»Telefon mit Vorwahl und Durchwahl«
»Ort, Tag, Monat und Jahr«
und zwar in dieser Reihenfolge.

Das Rechnungsfeld
Es enthält »Zeichen« und »Nr.«
»Gegenstand, Menge und Einheit«
»Preis je Einheit«, »Gesamtbetrag«
und eine Spalte für Empfängervermerke. Je nach Bedarf kann die eine oder andere Spalte entfallen.

Zahlungsbedingungen
Zahlungsbedingungen, Beanstandungen, Verpackung, Eigentumsvorbehalt, Erfüllungsort und Gerichtsstand stehen am Fuße oder auf der Rückseite des Blattes.

Lieferanzeige
Sie unterscheidet sich von der Rechnung lediglich in der Tabelle. Statt mit »Rechnung« ist sie mit »Lieferanzeige« überschrieben. »Preis je Einheit« und »Gesamtpreis« entfallen. Der Platz wird dem Empfängervermerk zugeschlagen.

Pressemitteilung Press Release

Linotype

Linotype AG
Postfach 56 60
Mergenthaler Allee 55 – 75
6236 Eschborn/Germany
Tel. (0 61 96) 403 - 710
Telex 4 - 072914 lin d

Pressemitteilung
Press Release

17.11.1987/49

Beachtliche Leistungssteigerung mit neuem PostScript-RIP von Linotype

Mit dem PostScript-RIP 2 steht jetzt ein Raster Image Processor zur Verfügung, der die vielfältigen Anwendungsmöglichkeiten der Seitenbeschreibungssprache PostScript noch stärker zur Entfaltung bringt. Die umfangreichen Hardware-Erweiterungen der neu entwickelten RIP-Version führen zu einer bedeutenden Steigerung der Verarbeitungsgeschwindigkeit und zu wesentlich erhöhten Speicherkapazitäten.

So ermöglicht der jetzt implementierte Processor 68 020 von Motorola wesentlich schnellere Rechenoperationen, so daß die Leistungsfähigkeit jobabhängig um ein Zwei- bis Dreifaches gegenüber dem Vorgängermodell gesteigert werden konnte. Die Durchsatzzeiten komplexer Grafikarbeiten werden somit drastisch reduziert und die Produktivität - besonders bei anspruchsvollen Arbeiten - gleichermaßen beachtlich gesteigert.

Mit der erhöhten Speicherkapazität des neuen RIP (6-MB-Arbeitsspeicher, 80-MB-Festplatte) ergeben sich interessante, zusätzliche Anwendungen. Der erweiterte Arbeitsspeicher macht nunmehr auch den >breiten< Laserbelichter Linotronic 500 - Ausgabebreite 457 mm - in vollem Umfang als PostScript-Belichtungseinheit zugänglich. Dadurch wird dem wachsenden PostScript-Markt jetzt auch die >breite Qualität< erschlossen.

Diese Information ist frei zur Veröffentlichung

This information is free for publishing

Die Gestaltung

Die Pressemitteilung zählt zur Korrespondenz des Unternehmens. Deshalb folgt sie in ihrer Gestaltung den übrigen Firmendrucksachen und fügt sich diesen nahtlos ein. Lediglich Kontenangaben entfallen, ebenso entfällt die Bezugszeichenzeile.

Konsolidierte Gewinn- und Verlustrechnung

Bei einem Umsatz von 714,8 Mio. DM konnte der Vorjahresumsatz von 719,5 Mio. DM nicht ganz erreicht werden, da mengenmäßig auch der Gesamtabsatz von 394.663 t auf 380.875 t, bzw. um 3,5 %, zurückgegangen ist. Dieser Rückgang beruht fast ausschließlich auf Verkaufsmengen aus der Eigenproduktion.

Für die Gesamtleistung ergab sich dadurch eine Verbesserung um 17 Mio. DM bzw. von 2,4 %.

Die sonstigen betrieblichen Erträge blieben gegenüber dem Vorjahr nahezu unverändert, während betriebsfremde, außerordentliche und aperiodische Posten durch Erträge aus Beteiligungen und gestiegenen Zinserträgen höher lagen.

Bei den Aufwendungen für Roh-, Hilfs- und Betriebsstoffe ergab sich trotz Ausweitung der Produktion eine Verminderung, verursacht durch rückläufige Zellstoffpreise und Dollarkurse. Während Streichstoffe rückläufig waren, wurden Holzpreise und Energiekosten sowie das Reparaturmaterial teurer.

Die Personalaufwendungen erhöhten sich um 6,7 Mio. DM bzw. um 8,3 %, auf Grund von Tarifanhebungen um 3,8 %, erhöhter Aufwendungen für Altersversorgung und der Rückstellung von Arbeitsjubiläen.

Umsatz- und Absatzentwicklung der konsolidierten Gesellschaften

1984	1985	Veränderung absolut	Veränderung %	in Mio. DM/1000 t
719,5	714,8	- 4,7	- 0,7	Umsatz
394,7	380,9	- 13,8	- 3,5	Absatz

Personalaufwendungen der konsolidierten Gesellschaften

1984	1985	Veränderung absolut	Veränderung %	in Mio. DM
65,8	72,9	+ 7,1	+ 10,8	Löhne und Gehälter
10,5	11,1	+ 0,6	+ 5,7	Sozialabgaben
4,2	3,2	- 1,0	- 23,8	Altersversorgung
80,5	87,2	+ 6,7	+ 8,3	Gesamtaufwendungen
1.386	1.406	+ 20	+ 1,4	Personalstand

Ein Bericht zum Abheften

Er ergeht jährlich an die Aktionäre und Teilhaber eines Unternehmens, um Rechenschaft über das verflossene Geschäftsjahr abzulegen. Je nach Unternehmen werden die einzelnen Abteilungen mit Gewinn und Verlust aufgeführt.
Das trockene Zahlenmaterial muß übersichtlich gegliedert und gut erfaßbar sein. Häufig wird der Bericht in Form eines illustrierten Prospektes abgefaßt, um Fakten auch durch Bilder aus dem Betriebsgeschehen zu belegen.

GEM Applikations Produktfamilie: **Dateikompatibilität**

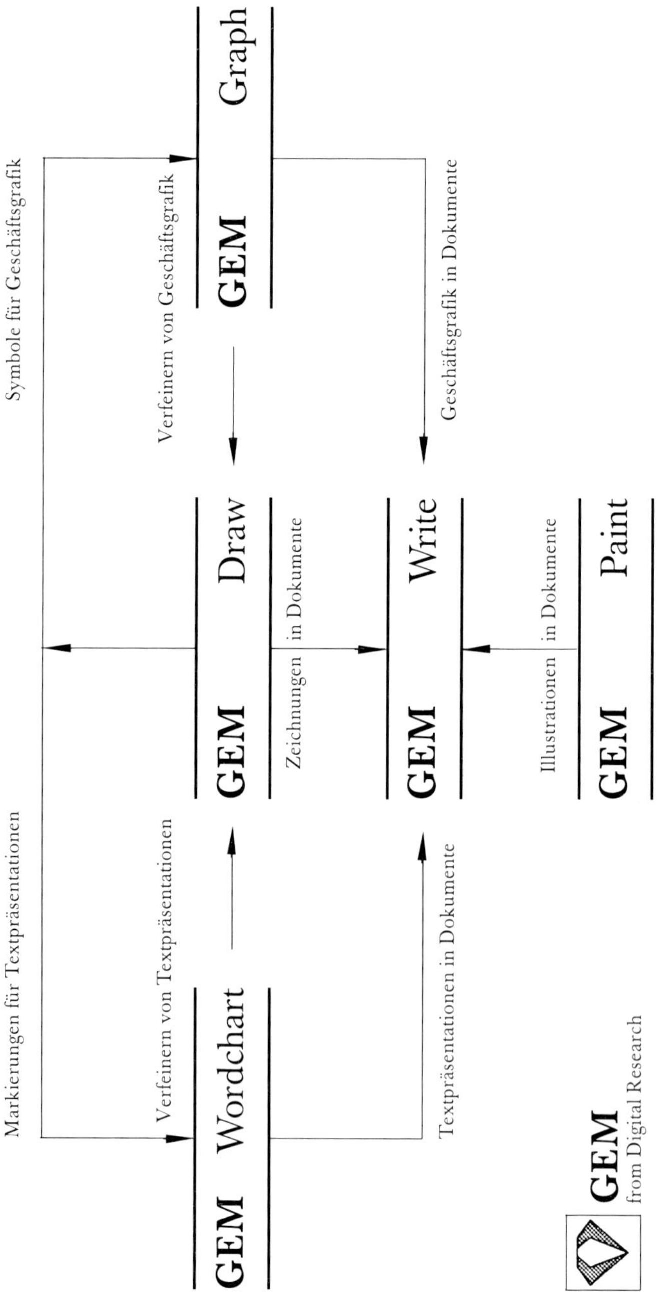

Funktion

»Handouts« sind geheftete Kopien von Vortragsfolien, die bei technischen Themen mit vielen grafischen Darstellungen beliebt sind. Sie ersparen dem Zuhörer eigene Notizen und geben dem Vortragenden die Sicherheit korrekter Übermittlung seiner Aussagen.

Aufbau

Da Handouts lediglich Kopien von Vortragsfolien sind, muß bereits bei der Gestaltung der Folien an die Verwendung als Handouts gedacht werden. Hierzu gehören die Erkennbarkeit des Firmenzeichens, des Vortragsthemas und der Stoffgliederung.

8p Tageslichtprojektor

10p Tageslichtprojektor

12p Tageslichtprojektor

14p Tageslichtprojektor

16p Tageslichtprojektor

20p Tageslichtprojektor

24p Tageslichtprojektor

36p Tageslichtprojektor

Die Entfernung des Projektors zur Leinwand betrug etwa 1,50 m. Serifenlose Schriften sollten leicht gesperrt werden, da die senkrechten Striche sehr schnell verschwommen wirken.

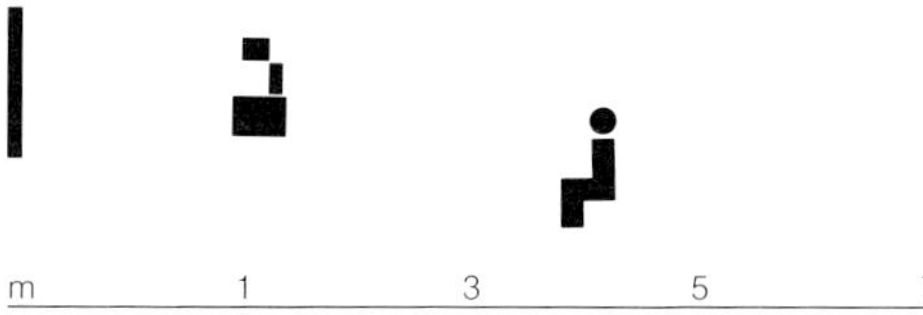

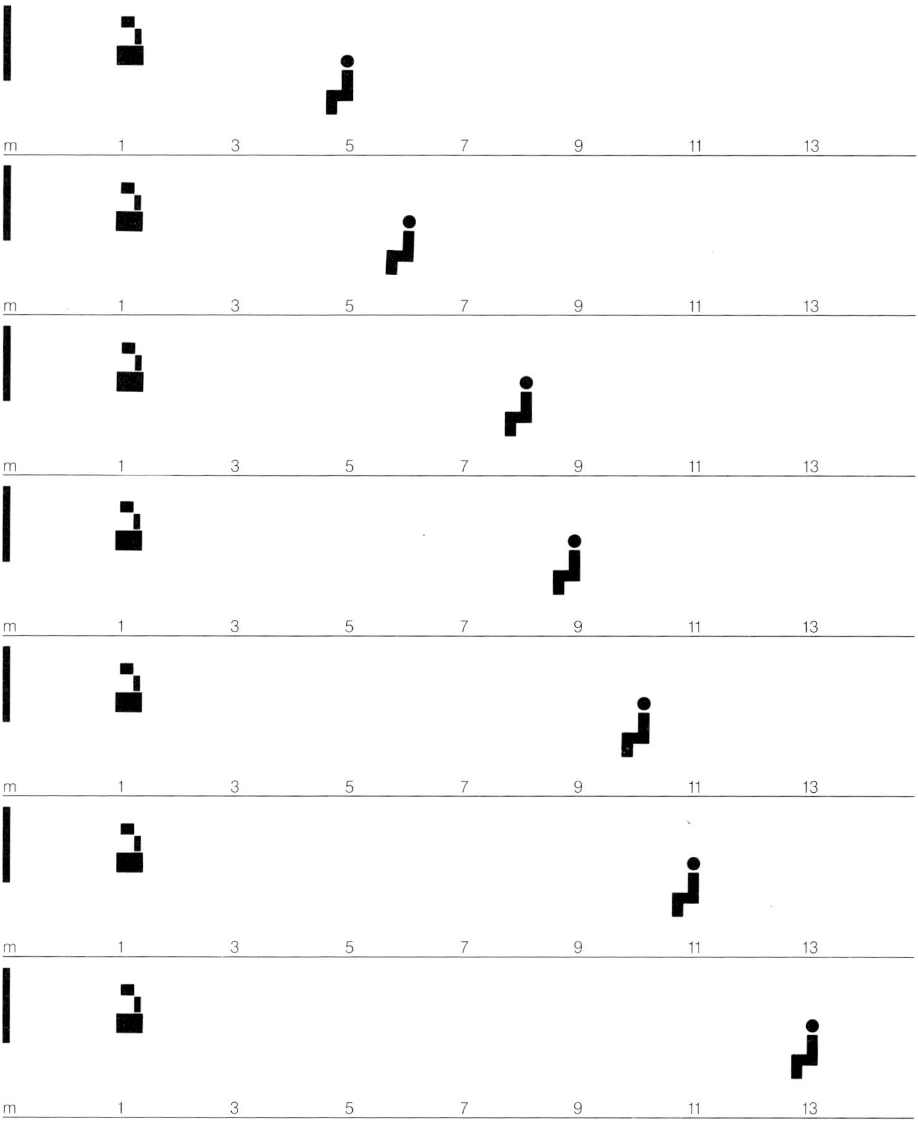

8p Tageslichtprojektor

10p Tageslichtprojektor

12p Tageslichtprojektor

14p Tageslichtprojektor

16p Tageslichtprojektor

20p Tageslichtprojektor

24p Tageslichtprojektor

36p Tageslichtprojektor

Die Entfernung des Projektors zur Leinwand betrug etwa 1,50 m. Schriften mit Serifen stehen lockerer, sind besser lesbar als serifenlose.

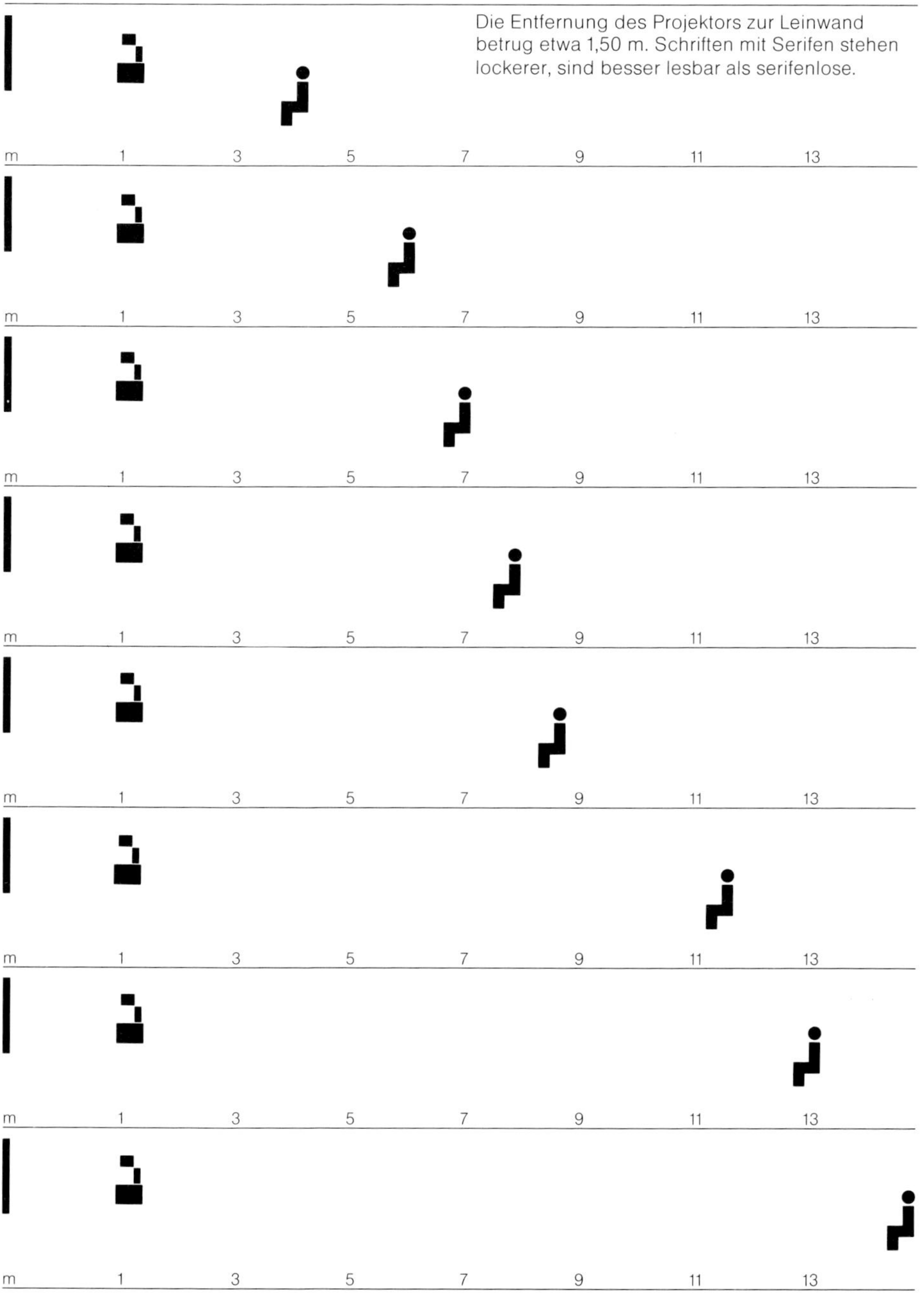

B 0.08

Repro

Grundstufe

B 0.13

Werkstätte

Satz

B 4.15

Color-Labor

Fotografie

Die Schrift

Die Orientierung erfolgt in drei Schritten, die deutlich gekennzeichnet sein müssen: der Trakt, hier mit B angegeben, das Stockwerk, hier die Ziffer vor dem Punkt, und der Raum, hier die Ziffern nach dem Punkt.

Die Farbe

Häufig werden die Stockwerke noch durch Farbe ausgewiesen. Dabei sollte man mit der helleren Farbe im Keller beginnen.

Tageskarte

Dienstag, 10. November 1988

200	Tagessuppe	Gemüsecremesuppe	3,50
201	Menü I	Gemüsecremesuppe Hausgemachte Blut- und Leberwurst mit Sauerkraut und Kartoffelpüree	9,80
202	Menü II	Gemüsecremesuppe Zartes Frikassee vom Truthahn »Prinzess« mit Butterreis Apfelstrudel	15,80
		Unser Fischangebot	
203		Seelachsfilet gebacken mit Remouladensauce, Salatteller	13,80
		Der Küchenchef empfiehlt	
204		Frische Egerlinge in Kräuterrahm mit Semmelknödel	13,50
205		Hirschedelgoulasch mit feinen Waldpilzen, Preiselbeeren und Semmelknödel	17,80
206		Gespicketer Rehrücken »Baden Baden« mit Preiselbeerbirne, Rosenkohl und Kartoffelkroketten	28,80
		Aus der kalten Küche	
207		Hausgemachte Bauernsülze mit Röstkartoffeln	10,80
		Dessert	
208		Dampfnudel mit Vanillesauce	6,50
209		Vanilleeis mit heißen Himbeeren	7,80

Datum	Es ist nur bei Karten wichtig, die täglich ein anderes Menü bieten.
Speisennummer	Hier handelt es sich um eine innerbetriebliche Verrechnungsnummer. Der Kunde nennt sie nur, um Verwechslungen der Speisen auszuschließen.
Angebot	In der Regel stehen die Menüs an erster Stelle, gefolgt von Fisch, Fleisch, Geflügel und Wild. Zuletzt kommen kalte Speisen und Desserts.

Kantenfühler

Je nach Art der abzutastenden Bahnkante und dem verwendeten Bahnführungsprinzip kommen bevorzugt folgende Kantenfühler zum Einsatz:

Kantenabtastung berührend
F 31 E Signalausgang elektrisch EIN–AUS
FM 3101 (F 31 KE) Signalausgang elektronisch proportional
F 30 PL Signalausgang pneumatisch proportional

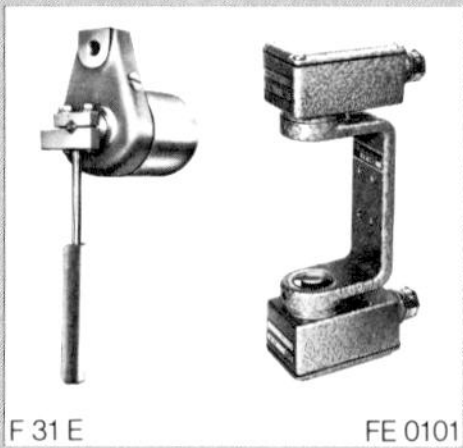
F 31 E FE 0101

Kantenabtastung berührungslos
FE 0101 Lichtschranke 100 mm Durchgangsöffnung, Signalausgang elektronisch proportional
FE 0102 Lichtschranke 50–300 mm Durchgangsöffnung, Signalausgang elektronisch proportional
FE 0112 Lichtschranke 50 mm Durchgangsöffnung, Signalausgang elektronisch proportional
FE 0202 Reflexionsprinzip, Signalausgang elektronisch proportional
FL 0101 Signalausgang pneumatisch proportional

Für die Abtastung von transparenten Bahnkanten, von Farbkanten und Linien stehen Spezialfühler zur Verfügung.

Schneidgeräte

Zum Rand- und Streifenschneiden laufender Bahnen werden bevorzugt folgende Schneidgeräte verwendet:

BT 01 Bahntrenner zum Abschneiden der Randstreifen für Bahngeschwindigkeiten bis 300 m/min.
EKS 2 Schneidgerät für Kanten-Mitten- und Streifenschnitt
EKS 5 Schneideinrichtung für Kanten-, Mitten- und Streifenschnitt
BTB 02 Bahntrennanlage zum Abschneiden überstehender Ränder des Schaumstoffes von kaschierter Ware

Stelleinrichtungen

Zur Aufnahme der Kantenfühler und Schneidgeräte und zu deren Einstellung auf die jeweilige Bahnbreite liefern wir verschiedene Ausführungen von Stellsupporten mit manueller und motorischer Einstellung:

WN 15 für Kantenfühler
VS für Kantenfühler
VWG 1 für Geräte bis 50 kg
VWG 2 für Geräte und Gerätekombinationen über 50 kg

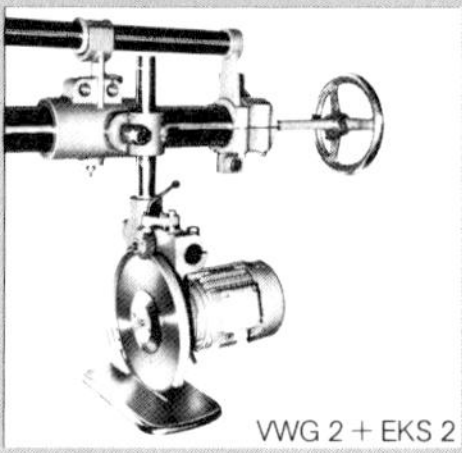
VWG 2 + EKS 2

BT 01

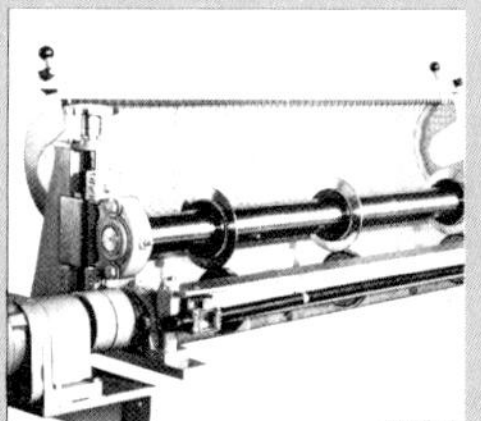
EKS 5

FE 0202

FL 0101

Schriftanordnung

Die Übersichtlichkeit wird nicht nur durch Einteilung in drei Spalten, sondern auch durch die Akzentuierung ihrer Überschriften erreicht. Ihnen folgen Kurzbeschreibungen mit Fotos der beschriebenen Geräte.

Bildanordnung

Die Bilder entsprechen in Größe und Anordnung genau den Rasterfeldern. Der Reiz der Bildanordnung liegt auch im freigelassenen Feld der zweiten Spalte, das durch den darüberstehenden längeren Text notwendig ist.

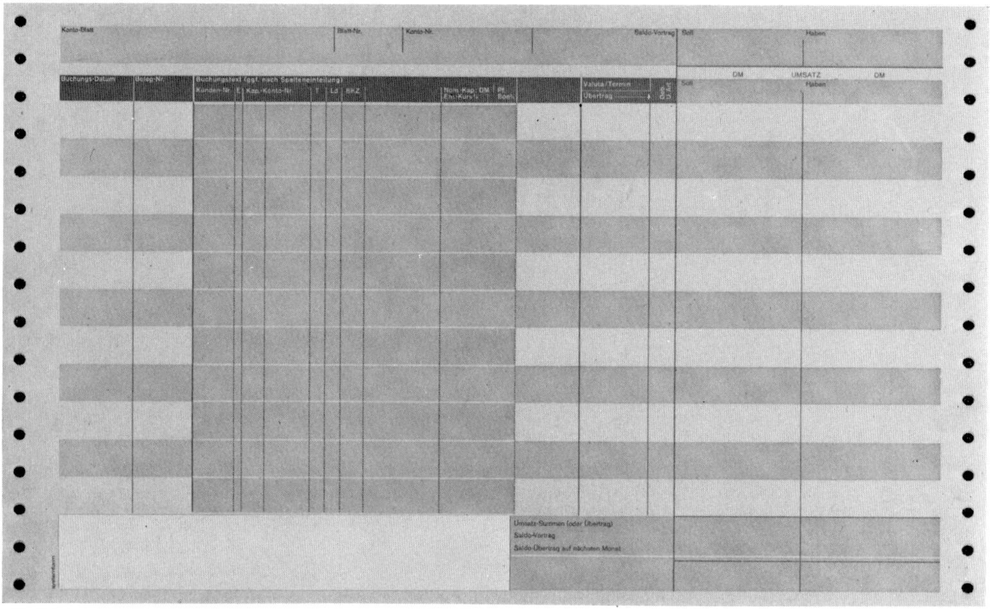

Konto-Blatt | Blatt-Nr. | Konto-Nr. | Saldo-Vortrag | Soll | Haben

DM UMSATZ DM

Buchungs-Datum | Beleg-Nr. | Buchungstext (ggf. nach Spalteneinteilung) | Konten-Nr. | E | Kap.-Konto-Nr. | T | Ld | BKZ | Nom.-Kap. DM | Pf | Ein.-Kurs % | Bonit. | Valuta/Termin | Übertrag | Soll | Haben

Umsatz-Summen (oder Übertrag)

Saldo-Vortrag

Saldo-Übertrag auf nächsten Monat

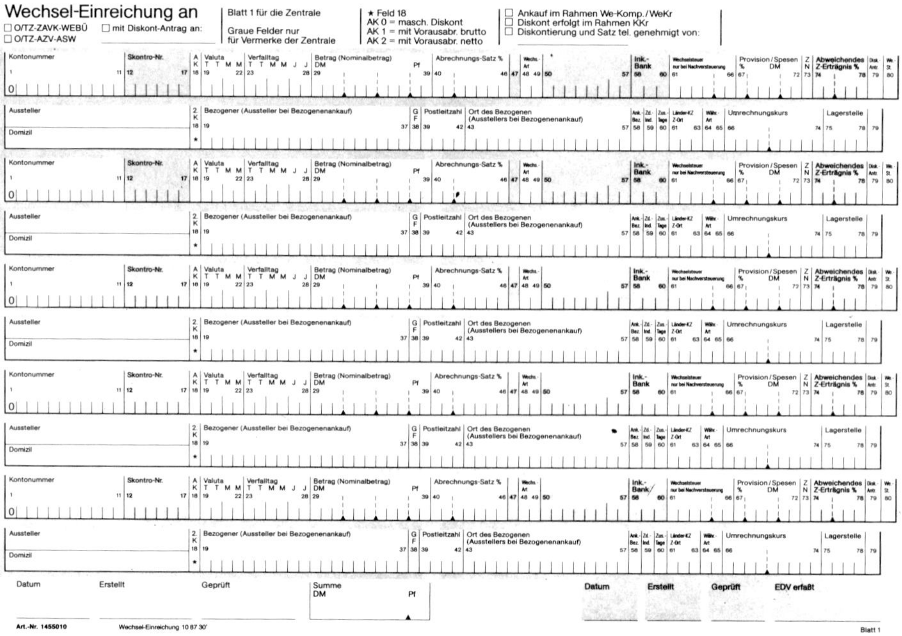

Wechsel-Einreichung an

☐ O/TZ-ZAVK-WEBÜ ☐ mit Diskont-Antrag an:
☐ O/TZ-AZV-ASW

Blatt 1 für die Zentrale

Graue Felder nur
für Vermerke der Zentrale

★ Feld 18
AK 0 = masch. Diskont
AK 1 = mit Vorausabr. brutto
AK 2 = mit Vorausabr. netto

☐ Ankauf im Rahmen We-Komp./WeKr
☐ Diskont erfolgt im Rahmen KKr
☐ Diskontierung und Satz tel. genehmigt von:

1, 2, 3, 4, 5 (je Zeile):

Kontonummer 1 11 | Skontro-Nr. 12 17 | AK 18 | Valuta T T M M 19 22 | Verfalltag T T M M J J 23 28 | Betrag (Nominalbetrag) DM Pf 29 39 | Abrechnungs-Satz % 40 46 | Wechs.-Art 47 48 49 50 | Ink.-Bank 57 58 60 | Wechselsteuer nur bei Nachversteuerung 61 66 | Provision/Spesen % DM 67 72 | Z N 73 | Abweichendes Z-Erträgnis % 74 78 | Disk.-Antr. 79 | We.-St. 80

0

Aussteller | Domizil | 2. K 18 ★ | Bezogener (Aussteller bei Bezogenenankauf) 19 37 | G F 38 | Postleitzahl 39 42 | Ort des Bezogenen (Ausstellers bei Bezogenenankauf) 43 57 | Ank.-Bez. 58 | Zd.-Ind. 59 | Zus.-Tage 60 | Länder-KZ Z-Ort 61 63 | Währ.-Art 64 65 | Umrechnungskurs 66 74 | Lagerstelle 75 78 79

Datum | Erstellt | Geprüft | Summe DM Pf | Datum | Erstellt | Geprüft | EDV erfaßt

Art.-Nr. 1455010 Wechsel-Einreichung 10 87 30' Blatt 1

Die Schrift

Wenn nicht eine bestimmte Firmentype vorgeschrieben ist, wird vielfach eine serifenlose Schrift verwendet.

Die Linie

Linien sind so zurückhaltend wie möglich anzuwenden, da sie hier eine reine Gliederungsfunktion ausüben.

Der Raum

Der maschinelle Vordruck wird mit dem Computer oder mit der Schreibmaschine ausgefüllt, sofern diese 10 Zeichen je Zoll (Pica) besitzt.
Die Schreibstellen (horizontal) messen $1/10$ Zoll, die Schreibzeilen (vertikal) $1/6$ Zoll.

Die Schrift

Auch hier entspricht eine serifenlose Schrift der nüchternen Erfassungstechnik am ehesten.

Die Linie

Sie ist entsprechend ihrer stärkeren oder schwächeren Trennungsfunktion stärker oder schächer zu halten.

Der Raum

Da es sich hier um ein manuelles Datenerfassungsblatt handelt, das auf 80 Stellen in der Breite ausgelegt ist, hat jede Stelle Raum für 1 Zeichen.

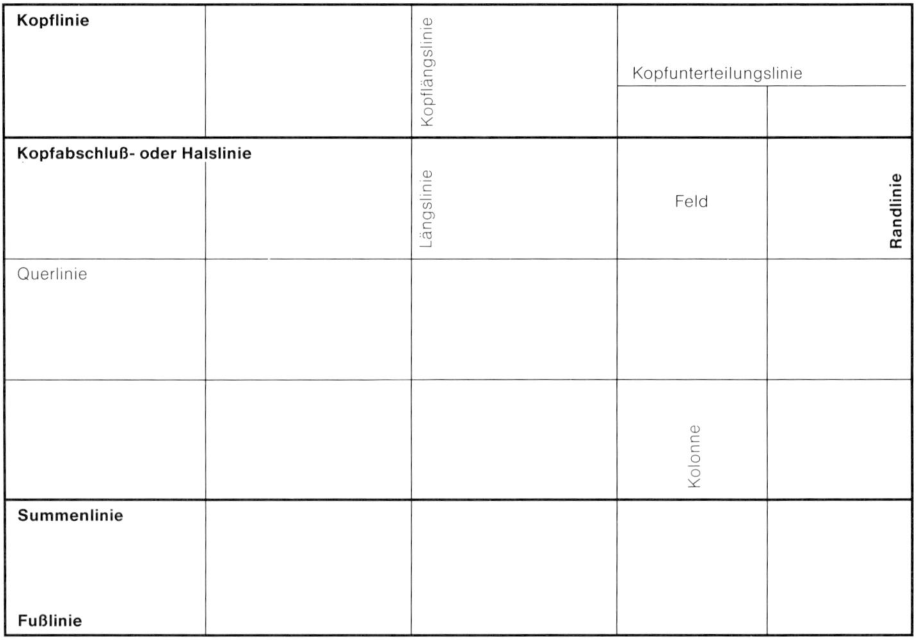

DIN Reihe **A**	Breite mm	Höhe mm
0	841	1189
1	594	841
2	420	594
3	297	420
4	210	297
5	148	210
6	105	148

DIN Reihe **B**	Breite mm	Höhe mm
0	1000	1414
1	707	1000
2	500	707
3	353	500
4	250	353
5	176	250
6	125	176

DIN Reihe C	Breite mm	Höhe mm
0	917	1297
1	648	917
2	458	648
3	324	458
4	229	324
5	162	229
6	114	162

DIN Reihe D	Breite mm	Höhe mm
0	771	1090
1	545	771
2	385	545
3	272	385
4	192	272
5	136	192
6	96	136

Aufgabe einer Tabelle ist es, Zahlen und Texte zu gliedern. Sie sollen für den Leser so übersichtlich wie möglich sein. Als Gliederungselemente besitzt der Gestalter unterschiedlich große oder unterschiedlich starke Schriften, unterschiedlich starke Linien sowie größere oder kleinere Abstände zwischen den Zeilen.
Allerdings soll mit den Unterscheidungen äußerst sparsam umgegangen werden. Unterschiedlich starke Schriften werden innerhalb einer Tabelle selten verwendet, abgesehen von der Tabellenüberschrift. Auch verschiedene Schriftgrößen sind nur dann üblich, wenn der Text im Tabellenkopf sehr umfangreich ist und deshalb kleiner gesetzt werden muß.
Mit den Linien verhält es sich ähnlich. Heute begnügt man sich mit nur einer Linienart. Im äußersten Fall können es zwei unterschiedliche Linienstärken sein. Die Linie dient in ihrer einfachen Form nur als Hilfsgerüst für den Leser. Wo allein mit Raum gegliedert werden kann, bedarf es keiner Linien. Das ist selten der Fall. Notwendig sind Linien nur dort, wo sie zu mehr Klarheit beitragen.
Werden zwei verschieden starke Linien verwendet, so können Daten nicht nur voneinander getrennt, sondern auch zusammengefaßt werden.

Die Schriftart einer Tabelle richtet sich nach dem Text, zu dem die Tabelle gehört. Gibt es diesen nicht, das heißt, ist die Tabelle alleine für sich stehend, wird man nach dem Tabelleninhalt entscheiden. Technische Daten verlangen dann nach einer technisch wirkenden Schrift, wie einer serifenbetonten oder serifenlosen Antiqua, historische oder andere Daten nach einer historischen oder literarischen Type, wie sie in den serifennormalen oder serifendünnen Schriften vorhanden sind.
Den Duktus der Linien sollte man etwas dünner halten als den Duktus der Schrift.
Der Abstand von Linie und Schrift muß größer sein als der Abstand von Zeile zu Zeile.
Die Schrift im Tabellenkopf kann kleiner als die Schrift im Tabellenfuß oder gleich groß gesetzt werden, sie sollte aber nicht größer sein.
Nicht so viel Linien wie möglich verwenden, sondern nicht mehr Linien als nötig.
Unterschiedlich starke Linien grenzen auch unterschiedlich stark ab.
Bei Schriften mit fett-feinem Duktus soll das Linienbild mit mindestens einer Strichstärke der Schrift übereinstimmen.

IHK

DER PRÄSIDENT
DER INDUSTRIE- UND HANDELSKAMMER
FÜR MÜNCHEN UND OBERBAYERN
VERLEIHT DIE

SILBERNE EHRENNADEL

Philipp Luidl

MIT DIESER AUSZEICHNUNG WÜRDIGT
DIE INDUSTRIE- UND HANDELSKAMMER
DAS LANGJÄHRIGE EHRENAMTLICHE WIRKEN
UND DIE BESONDEREN VERDIENSTE
IM RAHMEN DER
BERUFLICHEN AUS- UND FORTBILDUNG

München, den 18. Juni 1985

R. Rodenstock

PROF. DR. ROLF RODENSTOCK · PRÄSIDENT

W. Wimmer

DR. WILHELM WIMMER · HAUPTGESCHÄFTSFÜHRER

Die Urkunde

Eine Urkunde besteht häufig aus drei Teilen. Im ersten wird die Organisation genannt, von der sie verliehen wird.
Im zweiten steht, weshalb sie verliehen wurde. Im dritten beglaubigen eine oder mehrere Unterschriften die Verleihung.
Bezeugt wird in der Urkunde eine Leistung. Das geschieht nicht ohne Würde. Deshalb gibt man dem ganzen gern einen monumentalen Charakter, der in Großbuchstaben ausgedrückt wird.

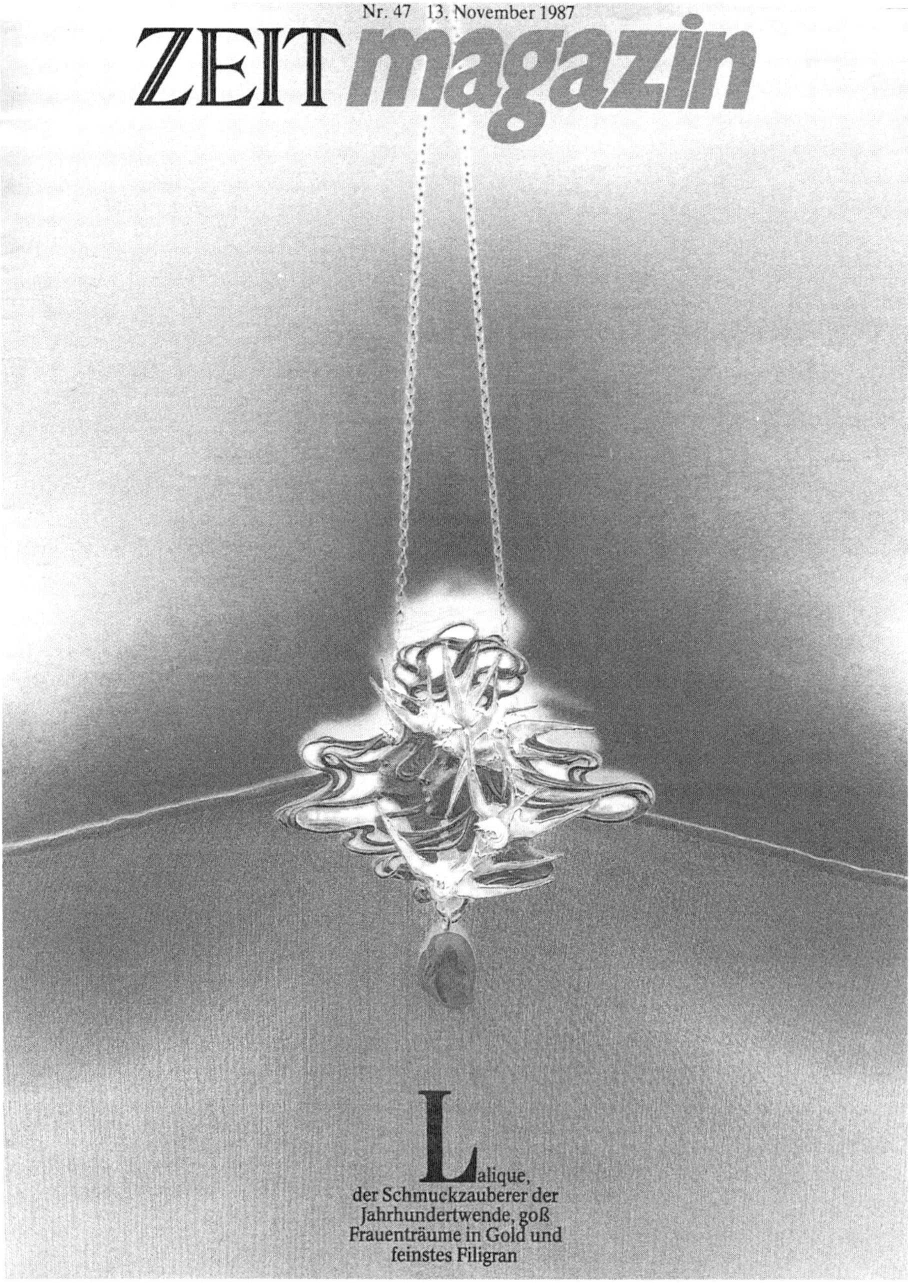
Nr. 47 13. November 1987
ZEIT magazin
Lalique,
der Schmuckzauberer der
Jahrhundertwende, goß
Frauenträume in Gold und
feinstes Filigran

magazin

Wie bei Zeitungen ist auch hier der Kopf in der Regel gleichbleibend. Das Wort »magazin« wechselt seine Farbe je nach Bildhintergrund. Hier liegt das Schmuckstück als Schwerpunkt so, daß oben etwa $^{3}/_{5}$, unten $^{2}/_{5}$ des Blattes bleiben. Das entspricht dem Goldenen Schnitt.

Lalique,
der Schmuckzauberer der
Jahrhundertwende, goß
Frauenträume in Gold und
feinstes Filigran

Das große L lenkt den Blick des Lesers über den kleinen Anhänger zurück ins Schmuckzentrum. Der zentrierte Text betont noch einmal die Mitte der Achse des Bildes.

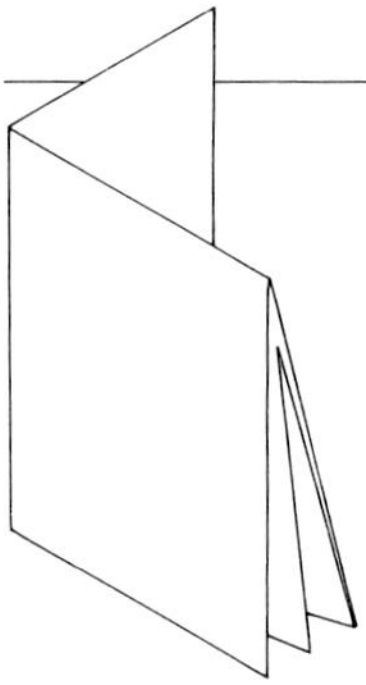

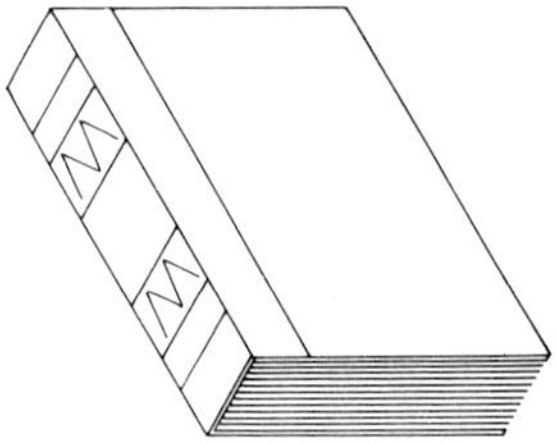

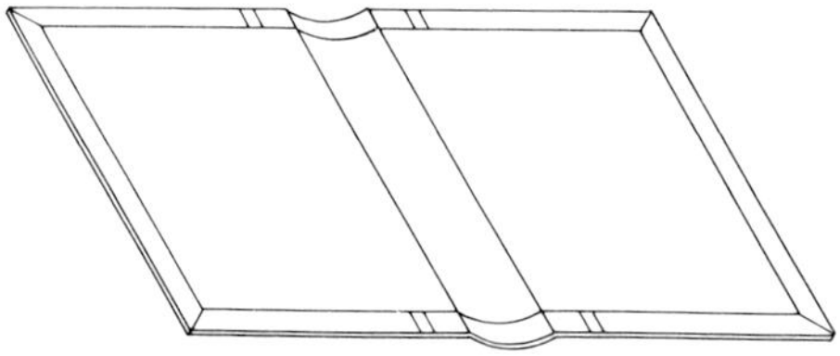

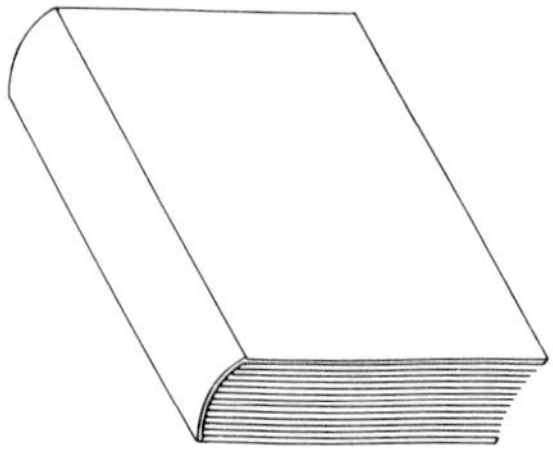

Der Bogen

In der Regel besteht er aus 16 zusammenhängenden Seiten. Er ist die kleinste Einheit des Buches. Je nach Maschinengröße kann er aber auch 8 oder 32 Seiten zählen.

Der Buchblock

In ihm sind alle Bogen zusammengefaßt und am Rücken »vernäht« und verleimt oder bei Klebebindung nur verleimt.

Die Buchdecke

Das ist der Einband, der das Buch vorne und hinten abschließt und ihm eine Stabilität verleiht. Er kann mit Papier (Pappband), Leinen (Leinenband), Pergament (Pergamentband) oder Leder (Lederband) überzogen sein.

Der Band

Das fertige Buch heißt auch Band. Ist nur der Rücken mit Pergament oder Leder ausgestattet, die Decke mit anderem Material, spricht man von Halbpergament- oder Halblederband.

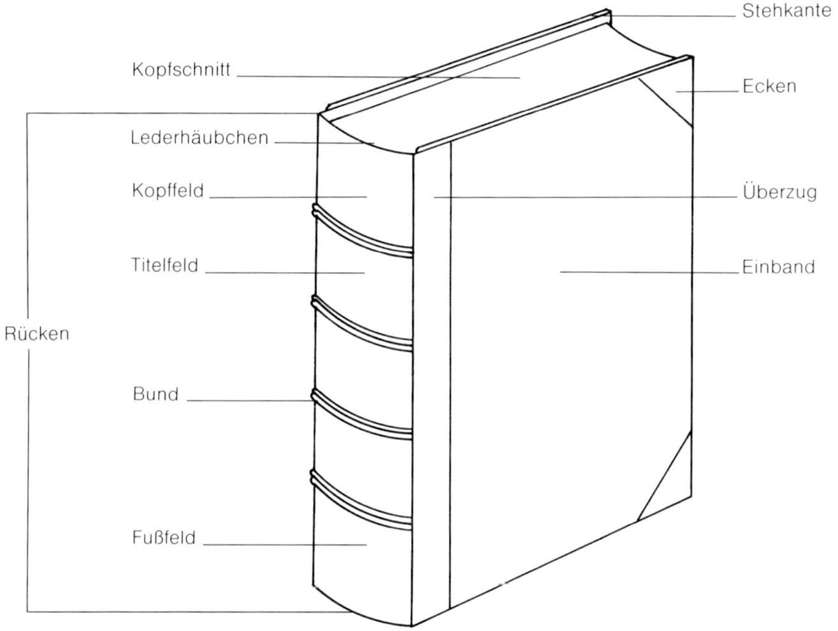
Stehkante
Kopfschnitt
Ecken
Lederhäubchen
Kopffeld
Überzug
Titelfeld
Einband
Rücken
Bund
Fußfeld

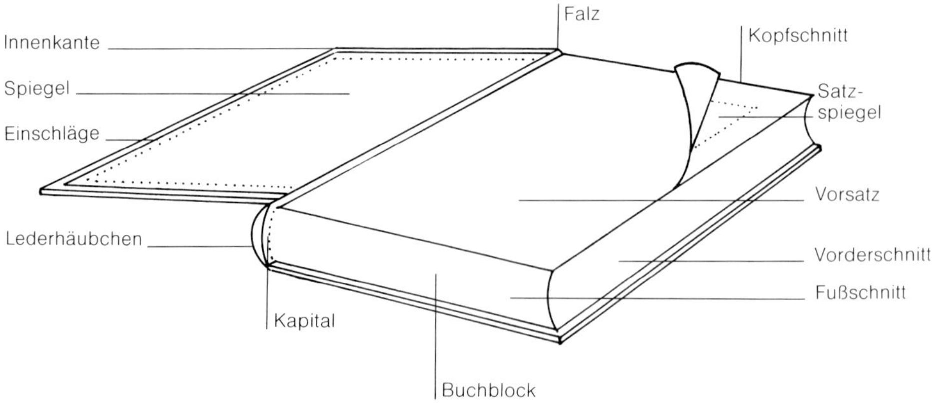
Falz
Innenkante
Kopfschnitt
Spiegel
Satz-
spiegel
Einschläge
Vorsatz
Lederhäubchen
Vorderschnitt
Fußschnitt
Kapital
Buchblock

Die Blätter eines Buches werden entweder durch Fadenheftung oder Klebebindung zusammengehalten, wobei die Klebebindung ihre Dauerhaftigkeit noch nicht bewiesen hat. Der hier vorgestellte Handeinband ist fadengeheftet, was man an den Bünden sieht.
Bei der Klebebindung werden die Bogen (Lagen) am Rücken aufgefräst und verleimt. Die offenliegende Faser nimmt den Klebstoff gut auf und verbindet so ein Blatt mit dem anderen.

Name des Autors

DER BUCHTITEL

Der Untertitel

Andere Vermerke
wie Abbildungen, Übersetzer
oder Vorwort

Verlag und Verlagsort

Inhalt und Form

Vor- und Nachname des Autors, Titel des Buches und Verlag mit Verlagsort sind die drei unverzichtbaren Angaben, die jeder Buchtitel enthalten muß. Darüber hinaus kann er Informationen über Abbildungen und andere Angaben aufführen. Wird der Buchumschlag mit dem gleichen Satz gedruckt, spricht man auch von einem Außen- und Innentitel. Besitzt das Buch noch andere Titel, wird nebenstehende Seite auch Haupttitel genannt.

Allein seitdem es den Tod gibt, gibt es auch Bemühungen, sich selbst und den anderen Menschen über ihn hinwegzuhelfen. Zuversichtliche Zeiten hoffen auf ein jenseitiges Leben, in welchem die höchsten Wünsche und die eigentliche Bestimmung des Menschen sich erfüllen können, wenn man sich schicklich darauf vorbereitet. Weniger zuversichtliche Zeiten rechnen damit, daß immerhin die Erinnerung an ein bedeutendes Dasein bei den später Geborenen erhalten bleibt oder gar unzerstörbar die Jahrhunderte überdauert. Wieder andere Zeiten sind es zufrieden,

---

Allein seitdem es den Tod gibt, gibt es auch Bemühungen, sich selbst und den anderen Menschen über ihn hinwegzuhelfen. Zuversichtliche Zeiten hoffen auf ein jenseitiges Leben, in welchem die höchsten Wünsche und die eigentliche Bestimmung des Menschen sich erfüllen können, wenn man sich schicklich darauf vorbereitet. Weniger zuversichtliche Zeiten rechnen damit, daß immerhin die Erinnerung an ein bedeutendes Dasein bei den später Geborenen erhalten bleibt oder gar unzerstörbar die Jahrhunderte überdauert. Wieder andere Zeiten sind es zufrie-

---

Bevor es den Tod gibt, gibt es auch Bemühungen, sich selbst und den anderen Menschen über ihn hinwegzuhelfen. Zuversichtliche Zeiten hoffen auf ein jenseitiges Leben, in welchem die höchsten Wünsche und die eigentliche Bestimmung des Menschen sich erfüllen können, wenn man sich schicklich darauf vorbereitet. Weniger zuversichtliche Zeiten rechnen damit, daß immerhin die Erinnerung an den bedeuten-

---

Bevor es den Tod gibt, gibt es auch Bemühungen, sich selbst und den anderen Menschen über ihn hinwegzuhelfen. Zuversichtliche Zeiten hoffen auf ein jenseitiges Leben, in welchem die höchsten Wünsche und die eigentliche Bestimmung des Menschen sich erfüllen können, wenn man sich schicklich darauf vorbereitet. Weniger zuversichtliche Zeiten rechnen damit, daß immerhin die Erinnerung an ein bedeuten-

ausgespart

Das Anfangs-A ist zwar in der Höhe richtig, steht aber zu weit innen und zu weit von der ersten Zeile ab.

umsponnen

Das richtiggestellte A, mit der linken Serife etwas überstehend und nahe der dazugehörigen Silbe »llein«.

freigestellt

Die linke untere Serife des B schließt mit der Satzkante ab. Das ist optisch nicht gut, da der B-Abstrich die Senkrechte stärker betont.

richtig freigestellt

Die etwas überstehende linke untere Serife ist besser, da der senkrechte B-Abstrich optisch mit dem Satz schließt.

DIE KUNST

DES XX. JAHRHUNDERTS

Die Malerei

Die Franzosen

Die Niederländer

1 Die Kunst des XX. Jahrhunderts

1.1 Die Malerei

1.1.1 Die Franzosen

1.1.2 Die Niederländer

8 *Die Malerei*

Die Franzosen 9

Pablo Picasso wurde am 25. Oktober 1881 in Malaga geboren. Seine Mutter hieß Maria Picasso Lopez, sein Vater José Ruiz Blasco. Er war Zeichenlehrer. Picasso begann sehr früh zu zeichnen und entwickelte dabei eine erstaunliche Virtuosität. 1891 siedelte die Familie nach La Coruna über, wo Pablo vom wie an der dortigen Kunstschule den ersten Unterricht erhielt. Die Werke aus La Coruna zeigen eine klar gebaute und statische Monumentalität. Die große Begabung Picassos zeigte sich bald sehr deutlich, nach dem der Vater nach Barcelona berufen wurde und Pablo dort an der berühmten Kunst-

14 *Die Malerei*

Die Niederländer 15

Piet Zwart wurde am 25. Mai 1885 in Zaandijk, ein Industriegebiet nördlich von Amsterdam, geboren. Von 1902 bis 1907 besuchte er die Schule für Kunst und Handwerk, die in einem Seitenflügel des Rijksmuseums untergebracht war. Er nannte sie «sagenhafte Schule mit nicht der Spur von einem Programm». In ihr waren die Gebiete Malerei, Architektur und Möbeldesign vereint. Hier begann Piet Zwart, wie er es ausdrückte, «an der Architektur zu schnuppern». Nachdem er die Amsterdamer Schule verlassen hatte, unterrichtete er fünf Jahre lang Zeichnen und Geschichte an der Mädchenschule in

Überschriften

Bei stark unterteilten Büchern muß die Rangfolge der Überschriften aus einer entsprechenden Schriftabstufung zu erkennen sein. Die rechte Hälfte unseres Beispiels zeigt den häufigeren Wechsel der Unterrubriken.

Lebender Kolumnentitel

Von einem solchen spricht man, wenn zur Seitenzahl (Pagina) noch die zum Kapitel zählende Überschrift angegeben ist. Auf der rechten Seite wird dabei immer die Unterrubrik, auf der linken die nächst höhere Überschrift gedruckt. Die rechte Seite wechselt somit häufiger als die linke ihren Text.

von Erdbeben sei.

Daraufhin hatte man einen Mann aus der Provinz Biskaya, der der Eheschließung mit seiner Base überführt worden war, sowie zwei Portugiesen aufgegriffen, die ein Hühnchen verzehrt und dabei den Speck achtlos fortgeworfen hatten. Nach jener Mahlzeit legte man auch den Doktor Pangloß und seinen Schüler Candide in Fesseln, den einen, weil er gesprochen, den anderen, weil er mit beifälliger Miene zugehört hatte. Sie wurden beide für sich in äußerst kühle Gemächer abgeführt, in denen man niemals von der Sonne belästigt wurde. Acht Tage später zog man ihnen Sanbenitos über und setzte ihnen spitze Papiermützen auf.

Candides Mitra und Sanbenito waren mit abwärtsgerichteten Flammen und mit Teufeln ohne Schwanz und Krallen

ein unfehlbares Mittel zur Verhütung von Erdbeben sei.

Daraufhin hatte man einen Mann aus der Provinz Biskaya, der der Eheschließung mit seiner Base überführt worden war, sowie zwei Portugiesen aufgegriffen, die ein Hühnchen verzehrt und dabei den Speck achtlos fortgeworfen hatten. Nach jener Mahlzeit legte man auch den Doktor Pangloß und seinen Schüler Candide in Fesseln, den einen, weil er gesprochen, den anderen, weil er mit beifälliger Miene zugehört hatte. Sie wurden beide für sich in äußerst kühle Gemächer abgeführt, in denen man niemals von der Sonne belästigt wurde. Acht Tage später zog man ihnen Sanbenitos über und setzte ihnen spitze Papiermützen auf.

Candides Mitra und Sanbenito waren mit abwärtsgerichteten Flammen und

der Provinz Biskaya, der der Eheschließung mit seiner Base überführt worden war, sowie zwei Portugiesen aufgegriffen, die ein Hühnchen verzehrt und dabei den Speck achtlos fortgeworfen hatten. Nach jener Mahlzeit legte man auch den Doktor Pangloß und seinen Schüler Candide in Fesseln, den einen, weil er gesprochen, den anderen, weil er mit beifälliger Miene zugehört hatte. Sie wurden beide für sich in äußerst kühle Gemächer abgeführt, in denen man niemals von der Sonne belästigt wurde. Acht Tage später zog man ihnen Sanbenitos über und setzte ihnen spitze Papiermützen auf.

Candides Mitra und Sanbenito waren mit abwärtsgerichteten Flammen und mit Teufeln ohne Schwanz und Krallen bemalt.

Die Teufel des Pangloß dagegen hat-

ßung mit seiner Base überführt worden war, sowie zwei Portugiesen aufgegriffen, die ein Hühnchen verzehrt und dabei den Speck achtlos fortgeworfen hatten. Nach jener Mahlzeit legte man auch den Doktor Pangloß und seinen Schüler Candide in Fesseln, den einen, weil er gesprochen, den anderen, weil er mit beifälliger Miene zugehört hatte. Sie wurden beide für sich in äußerst kühle Gemächer abgeführt, in denen man niemals von der Sonne belästigt wurde. Acht Tage später zog man ihnen Sanbenitos über und setzte ihnen spitze Papiermützen auf.

Candides Mitra und Sanbenito waren mit abwärtsgerichteten Flammen und mit Teufeln ohne Schwanz und Krallen bemalt.

Die Teufel des Pangloß dagegen hatte Krallen und Schwänze und die Flam-

rannte von Furcht getrieben, bis ich am Ufer eines Baches stand. Dort sank ich nieder, völlig erschöpft vor Hunger und Mattigkeit und von Entsetzten, Schrecken und Verzweiflung geschüttelt. Bald übermannte meine gequälten Lebensgeister ein Schlaf, der eher eine Ohnmacht als eine Entspannung war. In diesem Zustand von Schwäche und Empfindungslosigkeit schwebte ich noch zwischen Leben und Tod, als ich plötzlich etwas Schweres auf meinem Körper fühlte, das sich hin- und herbewegte. Ich schlug die Augen auf und erblickte einen weißen, gutaussehenden Mann. Er stöhnte und murmelte: »O che sciagura d'essere senza coglioni!«

Zwölftes Kapitel

Ich war erstaunt und entzückt zugleich,

ich nieder, völlig erschöpft vor Hunger und Mattigkeit und von Entsetzten, Schrecken und Verzweiflung geschüttelt. Bald übermannte meine gequälten Lebensgeister ein Schlaf, der eher eine Ohnmacht als eine Entspannung war. In diesem Zustand von Schwäche und Empfindungslosigkeit schwebte ich noch zwischen Leben und Tod, als ich plötzlich etwas Schweres auf meinem Körper fühlte, das sich hin- und herbewegte. Ich schlug die Augen auf und erblickte einen weißen, gutaussehenden Mann. Er stöhnte und murmelte: »O che sciagura d'essere senza coglioni!«

Zwölftes Kapitel

Ich war erstaunt und entzückt zugleich, meine Muttersprache zu hören, war aber nicht weniger überrascht über die

Umbruch
ist der Fachterminus für die Tätigkeit des Metteurs, die darin besteht, den Buchseiten ihr Aussehen und ihre richtige Größe entsprechend dem Satzspiegel zu geben.

Hurenkind
nennt der Setzer eine Zeile, die so verloren wie auf unserem linken Beispiel oben steht. Sie sollte nicht aus ästhetischen, sondern aus lesetechnischen Gründen gemieden werden. Rechts daneben die richtige Anordnung, falls man den Zeilenrest nicht zum dazugehörigen Absatz stellen kann, etwa durch Textkürzungen.

Schusterjunge
nennt der Setzer die Zeile, die auf unserem Beispiel links unten steht. Auch hier zeigen wir rechts die richtige Anordnung.

Überschrift
Steht sie sehr weit unten, sollten ihr mindestens drei Zeilen Text folgen. Andernfalls ist es vernünftiger, die nächste Seite oben mit der Überschrift zu beginnen.

HERKULESSAAL DER RESIDENZ

FREITAG, 19. FEBRUAR 1965, 20 UHR

KAMMERMUSIK DER NATIONEN

Philomusica Orchestra of London

LEITUNG GEORGE MALCOLM

SOLISTEN AURÈLE NICOLET FLÖTE

GEORGE MALCOLM CEMBALO

SOLIST UND LEADER CARL PINI

MÜNCHENER KONZERTDIREKTION GMBH

IN VERBINDUNG MIT DEM BRITISH COUNCIL UND DER

DEUTSCH-ENGLISCHEN GESELLSCHAFT

Georg Friedrich Händel 1685-1759

CONCERTO GROSSO B-DUR OP. 3-2

Vivace Largo Allegro Minuet Gavotte

Johann Sebastian Bach 1685-1750

BRANDENBURGISCHES KONZERT NR. 5 D-DUR, BWV 1050

Allegro Affettuoso Allegro

—

Wolfgang Amadeus Mozart 1756-1791

KONZERT D-DUR FÜR FLÖTE UND ORCHESTER, KV 314

Allegro aperto Andante ma non troppo Allegro

SYMPHONIE NR. 29 A-DUR, KV 201

Allegro moderato Andante Menuetto Allegro con spirito

Konzertcembalo »Neupert« aus dem Pianohaus Lang,
Kaufingerstraße 28, Telefon 22 68 60

Inhalt

An erster Stelle steht der Titel, ihm folgen Ort der Aufführung, Tag und Zeit. Danach kommen die Ausführenden und zuletzt die Veranstalter. Diese Reihenfolge gilt für alle, nicht nur für Konzertprogramme.

Anordnung

Die Gliederung muß nicht nur überschaubar, sondern auch gut erfaßbar sein. Jede Zeile hat einen Stellenwert, der aus der Schriftart und -größe ersichtlich sein soll.

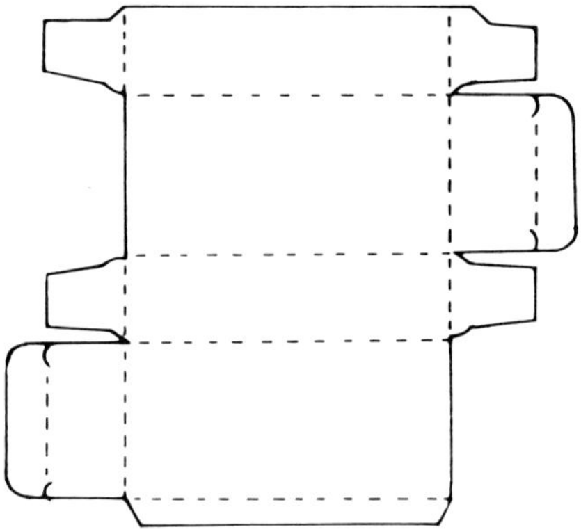

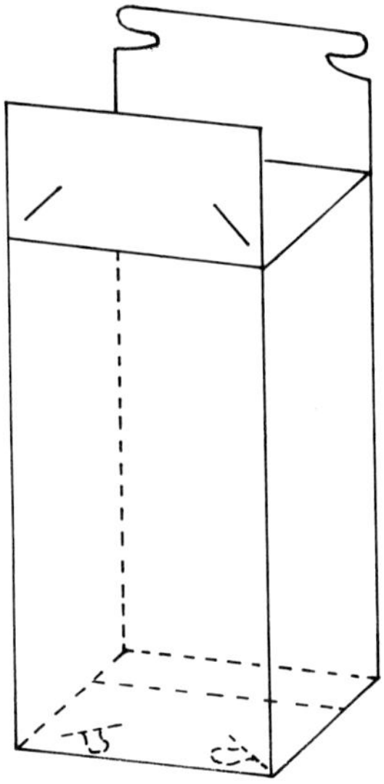

Greifverschluß

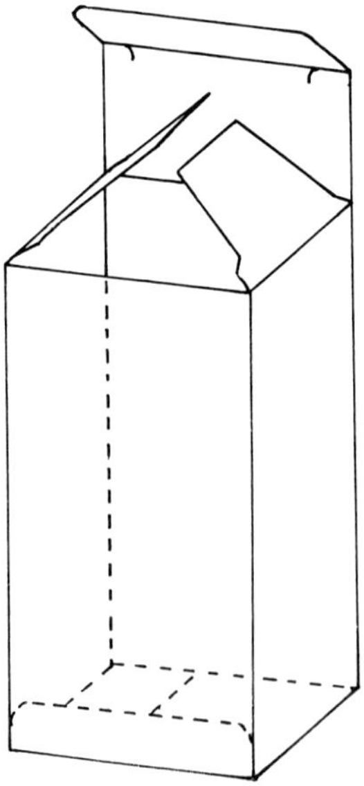

Einsteckverschluß

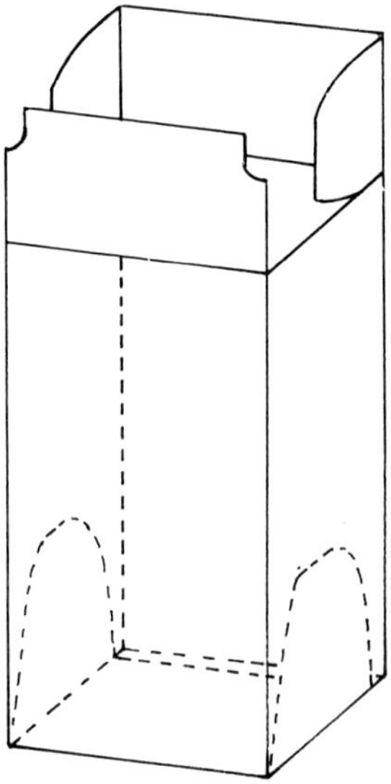

Flügelverschluß

Die Stanzform

Sie ist für den Gestalter auch insofern wichtig, als er nach ihr die einzelnen Texte auf seinem Tableau richtig anordnen kann. Unter Tableau versteht man die reprofähige Vorlage aus einem Stück.

Die Faltung

Der Verschluß einer Packung richtet sich nach dem Gegenstand des Verpackten. Der linke Verschluß öffnet sich nicht so leicht wie der mittlere oder rechte.

un CHAT dans la gorge
un CHAT dans la g
un CHAT dans
un CHAT da
CHAT

Der Aufdruck

Der erste Gestaltungsschritt soll um den Packungsinhalt kreisen. Der zweite Schritt soll diesem Inhalt Firmenbezug geben. Beim dritten Schritt muß die Gestaltungsidee so weit gediehen sein, daß die Packung suggeriert, es gebe dieses Produkt überhaupt nur bei dieser Firma.

mm

1 2 3 4

Sommer-/Winter-Semester 19 **Studiensemester**

Name, Vorname **Geburtstag**

Wohnung während der Studienzeit **Straße**

mm

1 2 3 4

Vorname **Name**

Postleitzahl **Ort**

Straße **Landkreis**

Zoll

1 2 3 4 5 6 — 1

1/6

1/6

1/10

1 2 3 4 5 6 7 8 9 10 11 12 13 14 15 16 17 18 19 20 21 22 23 24 25 26 27 28 29 30 31 32 33 34 35 36 37 38 39 40

1 2 3 4

Zoll

Handeintrag mm	Ausreichend für den Eintrag ist ein senkrechter Linienabstand zwischen 6 und 9 mm. Waagerecht muß dem Schreiber genügend Raum für die einzelnen Daten gegeben werden.
Schreibmaschinenabstand mm	Einzeilig beträgt der senkrechte Linienabstand 4,25 mm, eineinhalbzeilig 6,375 mm und zweizeilig 8,5 mm. Waagerecht hat jeder Anschlag bei Pica 2,6 mm, bei Perl 2,3 mm.
Computereintrag Zoll	Der Schreibzeilenabstand senkrecht mißt $\frac{1}{6}$ Zoll (4,23 mm), die Schreibstellen waagrecht betragen $\frac{1}{10}$ Zoll (2,54 mm).

Hamburger Versicherung AG
Postfach 50 46 43
2000 Hamburg 20

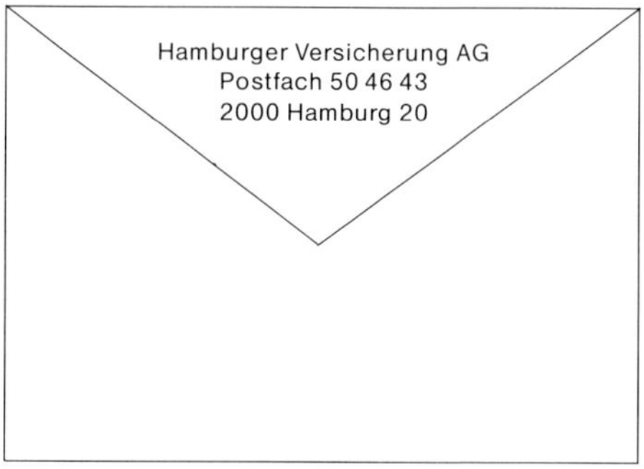
Hamburger Versicherung AG
Postfach 50 46 43
2000 Hamburg 20

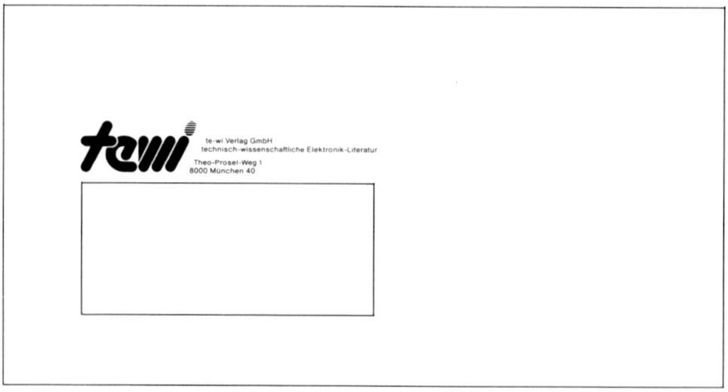
te-wi Verlag GmbH
technisch-wissenschaftliche Elektronik-Literatur
Theo-Prosel-Weg 1
8000 München 40

C-6-Fensterhülle

Hier ist der Absenderaufdruck unnötig, da der Absender auf dem Briefblatt durch das Fenster zu sehen ist. Aus Werbegründen wird die Hülle dennoch häufig bedruckt.

DIN-Lang-Fensterhülle

Der etwas größere Platz neben dem Fenster wird gerne mit dem Firmenzeichen versehen.
Fensterhüllen besitzen drei Vorteile: Der Absender braucht nicht mehr aufgedruckt zu werden, die Adresse braucht nicht auf die Hülle geschrieben zu werden (beide sind im Fenster sichtbar), falsches Einstecken ist nicht möglich.

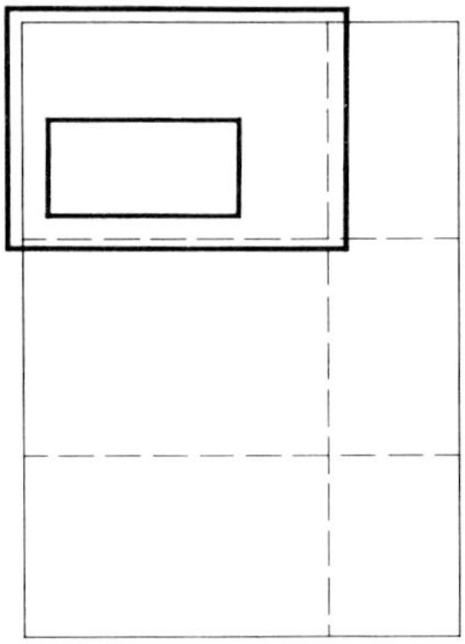

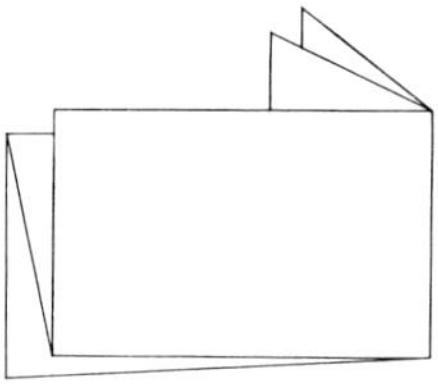

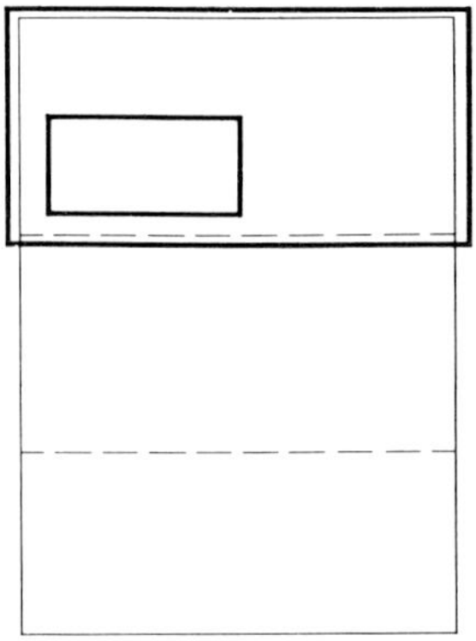

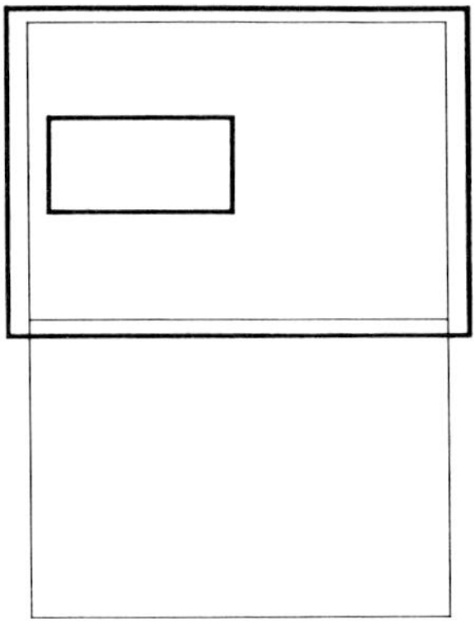

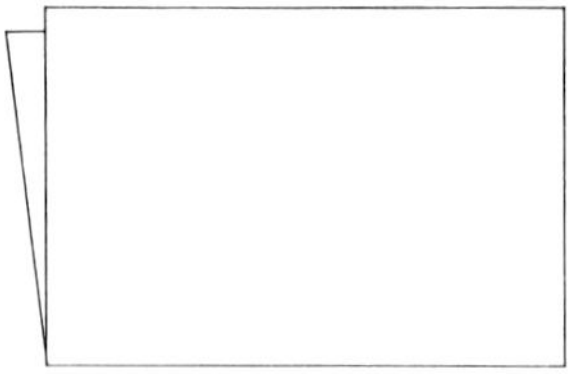

C-6-Hülle

Die zur DIN-A-6-Karte passende Hülle. Das DIN-A-5-Blatt wird einmal, der DIN-A-4-Brief dreimal gefaltet, um in die Hülle zu passen.

DIN-Langhülle (DL)

Hier braucht das A-4-Briefblatt nur zweimal gefaltet zu werden. Der häßliche dritte senkrechte Knick entfällt, was die Briefblatt-Gestaltung sehr vereinfacht.

DIN-C-5 (229 x 162 mm)

Die C-Größen sind so bemessen, daß das jeweilige A-Format ungefaltet in die Hülle paßt. Wird das Blatt gefaltet, kommt die geschlossene Seite nach unten.

Firma
Genaue Firmenbezeichnung
Straße, Hausnummer
Postleitzahl, Ort, Postbezirk

40 mm
Freistemplerzone

74 mm

74 mm

Firma

Genaue Firmenbezeichnung

Postfach

Postleitzahl Ort Postbezirk

15
mm

15 mm
Kodier-
zone

Postwert-
zeichen

Firma
Genaue Firmenbezeichnung
Straße, Hausnummer
Postleitzahl, Ort, Postbezirk

Firma

Genaue Firmenbezeichnung

Postfach

Postleitzahl Ort Postbezirk

automatengerecht

Links oben stehen Absender und sonstige Angaben. Rechts oben ist Platz für Marke, Stempel oder Freistempler. Der mittlere Streifen ist die Lesezone. Hier steht die vollständige Anschrift. Die Kodierzone am unteren Rand muß von allen Angaben frei bleiben.

normal

Die Karte wird häufig in der Mitte durch eine senkrechte Linie in Absender- und Anschriftenfeld geteilt. Dabei steht der Absender in der Regel in der linken unteren Kartenhälfte.

Einladung

Zur Eröffnung der Ausstellung
Freie Malerei
von Karl Burglechner
am Donnerstag, 5. Mai 1988
um 19 Uhr
laden wir Sie herzlich ein.

Galerie Leinemann
Bergstraße 25
7000 Stuttgart 1

Montag bis Freitag 9 bis 17 Uhr
Samstag 9 bis 13 Uhr
vom 6. Mai bis 10. Juni 1988

Das Format

Es schwankt zwischen DIN A 5 (148 x 210 mm) und DIN A 6 (105 x 148 mm) und ist häufig vierseitig. Seite 1 trägt das Wort Einladung, Seite 3 die übrigen Daten.

Die Form

Der Text ist unpersönlich, alle notwendigen Daten zeigt das linke Beispiel. Das Wort »Einladung« nimmt auf Seite 1 den gleichen Platz ein wie die »Freie Malerei« der dritten Seite.

Als Verlobte grüßen **Barbara Müller**

Josef Klein

Bahnhofstraße 15 6900 Heidelberg Am Pfingstsonntag 1988

Als Verlobte grüßen

Barbara Müller

Josef Klein

Bahnhofstraße 15

6900 Heidelberg

Am Pfingstsonntag 1988

Textform

Der ältere Knigge schreibt vor, daß die Verlobte vor dem Verlobten genannt wird. Falls sie noch getrennt wohnen, sind beide Adressen nötig.

Satzform

Der Text kann in Lese- oder Konsultationsgröße gehalten werden. Verwendet man Klappkarten, steht der Text auf Seite 3.
Üblich sind auch Karten im Langhüllenformat 210 x 105 mm.

Ihre Vermählung geben bekannt   Franz Adam   Renate Adam geb. Müller

Bergstraße 25, 6900 Heidelberg   Die Trauung findet am 12. August 1988 um 10 Uhr in St. Elisabeth statt

Ihre Vermählung geben bekannt

Franz Adam

Renate Adam geb. Müller

Bergstraße 25, 6900 Heidelberg

Die Trauung findet

am 12. August 1988 um 10 Uhr

in St. Elisabeth statt

Textform

Früher war es üblich, daß auf Seite 2 der Klappkarte der Brautvater die Vermählung seiner Tochter anzeigte und gegenüber, auf Seite 3, der Bräutigam seine Hochzeit bekanntgab.

Satzform

Die Angaben sind ähnlich wie bei der Verlobungskarte. Der Name des Bräutigams steht aber vor dem der Braut. Wichtig ist die Angabe des Trauungsortes und der Zeit sowie die der gemeinsamen Adresse.
Üblich sind auch Karten im Langhüllenformat 210 x 105 mm.

18 APRIL 1988

Katharina

Renate und Franz Adam
mit Christian
Bergstraße 25, 6900 Heidelberg

MICHAEL
läßt herzlich grüßen
20. Mai 1988

RENATE UND FRANZ ADAM
Bergstraße 25, 6900 Heidelberg
Mutter und Sohn befinden sich zur Zeit
im Carolinum, Heidelberg

Mädchen

Ob eine einfache oder eine Klappkarte verwendet wird, ist eine Frage der Gestaltung. Der Name sollte schon in der Schriftart das Geschlecht zu erkennen geben. Bei farbigem Druck ist Rosa für Mädchen nicht auszurotten.

Knaben

Auch hier ist die Schriftwahl wieder geschlechtsbetont. Der Schmuckrahmen unseres Beispiels ist blaugrün gedruckt, der Text schwarz.

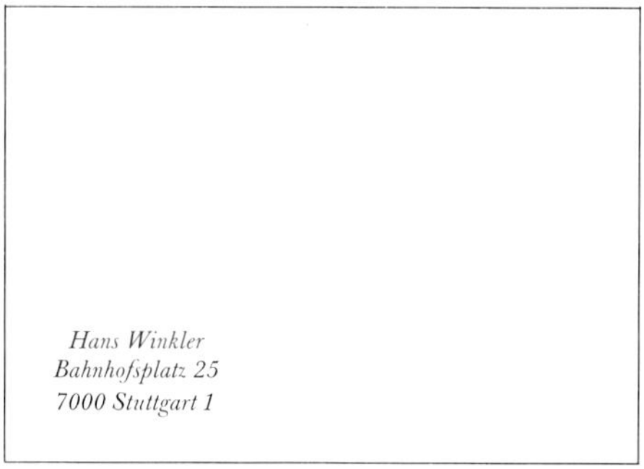
Hans Winkler
Bahnhofsplatz 25
7000 Stuttgart 1

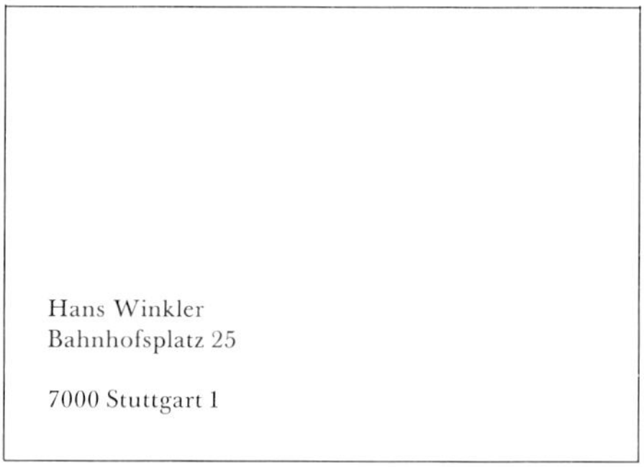
Hans Winkler
Bahnhofsplatz 25
7000 Stuttgart 1

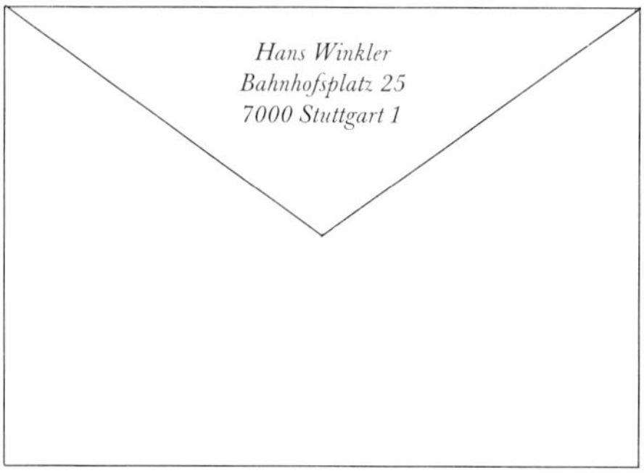
Hans Winkler
Bahnhofsplatz 25
7000 Stuttgart 1

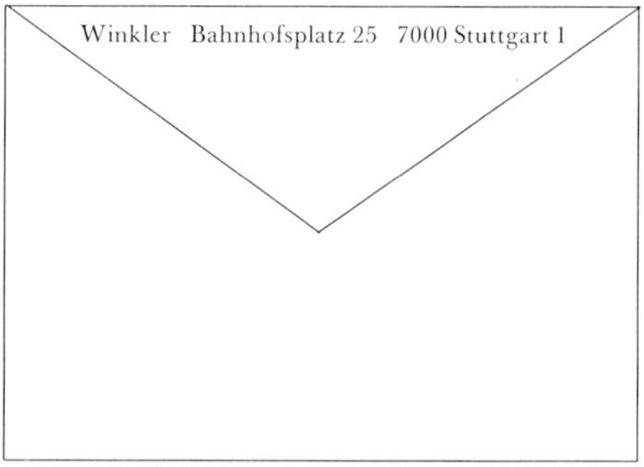
Winkler Bahnhofsplatz 25 7000 Stuttgart 1

Hüllenvorderseite

Da bei maschinellen Entwertern der Stempel häufig über die gesamte Breite läuft, ist es besser, den Absender in die linke untere Ecke zu drucken.

Hüllenrückseite

Bei privater Post ist der Absender auch auf der Hüllenrückseite üblich. Die Gestalt des Aufdrucks unterliegt keiner Regel.

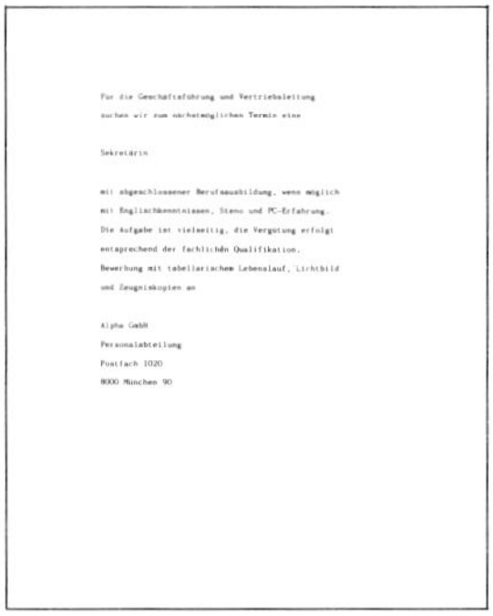

Für die Geschäftsführung und Vertriebsleitung
suchen wir zum nächstmöglichen Termin eine

Sekretärin

mit abgeschlossener Berufsausbildung, wenn möglich
mit Englischkenntnissen, Steno und PC-Erfahrung.
Die Aufgabe ist vielseitig, die Vergütung erfolgt
entsprechend der fachlichen Qualifikation.
Bewerbung mit tabellarischem Lebenslauf, Lichtbild
und Zeugniskopien an

Alpha GmbH
Personalabteilung
Postfach 1020
8000 München 90

Für die Geschäftsführung und Vertriebsleitung
suchen wir zum nächstmöglichen Termin eine

Sekretärin] 20' Helvetica hfett

mit abgeschlossener Berufsausbildung, wenn möglich
mit Englischkenntnissen, Steno und PC-Erfahrung.
Die Aufgabe ist vielseitig, die Vergütung erfolgt
entsprechend der fachlichen Qualifikation.
Bewerbung mit tabellarischem Lebenslauf, Lichtbild
und Zeugniskopien an

Alpha GmbH] 10' hfett
Personalabteilung

Grundschrift
10'/ 4,5 mm
Helvetica normal.

Für die Geschäftsführung und Vertriebsleitung suchen wir zum nächstmöglichen Termin eine

Sekretärin

mit abgeschlossener Berufsausbildung, wenn möglich mit Englischkenntnissen, Steno und PC-Erfahrung.
Die Aufgabe ist vielseitig, die Vergütung erfolgt entsprechend der fachlichen Qualifikation.
Bewerbung mit tabellarischem Lebenslauf, Lichtbild und Zeugniskopien an

Alpha GmbH
Personalabteilung
Postfach 1020
8000 München 90

Das Manuskript

Der Text soll auf einer Schreibmaschine mit doppeltem Zeilenabstand für Korrekturen, geschrieben sein und Angaben über Schrift, Anordnung, Hervorhebungen und Umrandung enthalten.

Die Skizze

In jedem Falle wird empfohlen, eine Skizze mitzuliefern, aus der die Anordnung der Anzeige ersichtlich ist.

Schrift und Bild

Zeitungen werden auf rauhes, holzhaltiges Papier gedruckt, wozu sich nicht alle Schriften und Bilder eignen. Die minimale Schriftgröße und Strichstärke sind links abgebildet. Bei Bildern gilt ein 25er Raster als normal. Es muß mit einem Punktzuwachs bis zu 20 % gegenüber dem Papierpositiv gerechnet werden. Tonwert im Licht 12 %, in der Tiefe 85 % Flächendeckung.

Vorname Name
Berufsbezeichnung

Firmen Signet

Straße Hausnummer
Postleitzahl Ort Postbezirk
(Vorwahl) Telefon

Vorname Name
Straße Hausnummer
Postleitzahl Ort Postbezirk
(Vorwahl) Telefon

Firmen Signet

Vorname Name
Berufsbezeichnung

Firmen Signet

Straße Hausnummer
Postleitzahl Ort Postbezirk
(Vorwahl) Telefon

Firmen Signet

Vorname Name

Straße Hausnummer
Postleitzahl Ort Postbezirk
(Vorwahl) Telefon

Größe

Die Karte kann einfach oder als Klappkarte gestaltet sein. Sie ist selten im DIN-Format, hält sich aber in der Größe etwa an DIN A 7.

Das Signet

Es ist auf allen Firmendrucksachen, wenn möglich, an einer einheitlichen Stelle anzubringen. Die Größe wird je nach Größe der Drucksache variieren.

Die Farbe

Besitzt ein Unternehmen eine Hausfarbe, soll diese auf allen Drucksachen erscheinen. Der Farbton muß auch auf unterschiedlichen Papieren gleich bleiben.

Die Schrift

Auch eine einheitliche Type (Firmenschrift) gehört wie Signet und Farbe zum Erscheinungsbild eines Unternehmens.

Vorname Name

Straße Hausnummer
Postleitzahl Ort Postbezirk
(Vorwahl) Telefon

Vorname Name
Straße Hausnummer
Postleitzahl Ort Postbezirk
(Vorwahl) Telefon

Vorname Name

Straße Hausnummer
Postleitzahl Ort Postbezirk
(Vorwahl) Telefon

Vorname Name

Straße Hausnummer
Postleitzahl Ort Postbezirk
(Vorwahl) Telefon

Größe

In der Regel verwendet man kein DIN-Format, um den individuellen Charakter zu unterstreichen. Das Format wird aber um die Größe von A 7 schwanken.

Schrift

Konsultationsgröße reicht. Der Name kann auch in Lesegröße stehen. Schriften mit Serifen wirken persönlicher als die ohne Serifen.

Text

Die auf der linken Seite abgedruckten Muster tragen die nötigen Angaben. Mehr ist auf privaten Karten nicht üblich.

Name

Vorname

Geburtstag

Geburtsort

A 8 (52 x 74 mm)

Unterschrift des Inhabers

A 8 (52 x 74 mm)

Unterschrift des Inhabers

Dienstausweis

Name

Amtsbezeichnung

Anschrift

Der Inhaber dieses Ausweises ist berechtigt, Einkäufe für den Dienstbedarf vorzunehmen. Er darf Büchereien und Bibliotheken benützen und Museen und Ausstellungen kostenlos besuchen.

Der Vordruck

Er richtet sich nach der Funktion des Ausweises, enthält aber immer Vornamen und Namen des Inhabers in Konsultations- oder Lesegröße. Das Bild muß die Gleichheit zur Person erkennen lassen. Die Kopfgröße soll $^2/_5$, nicht mehr als $^3/_5$ der Bildhöhe ausmachen.

Einige Arten

Berufsausweis
Dauer-Eintrittskarten
Dienstausweis
Fahrausweis
Führerschein
Kennkarten
Mitgliedsausweis
Paß

Bücher zu Desktop-Publishing

G. Wiescher
Professionelles Gestalten mit PageMaker
2. Quartal 1988,
ca. 250 Seiten, inkl. Diskette
Auf leichtverständliche Weise erklärt dieses Buch das Programm PageMaker und gibt gleichzeitig Einblick in die Geheimnisse typografischen Gestaltens. Sie erfahren alles, was Sie über Layout und Schriften wissen sollten, bevor Sie sich an den Computer setzen, und anhand von Beispielen lernen Sie, wie's umgesetzt wird. Tips & Tricks, die sonst nur die Erfahrung lehrt, das Stichwortverzeichnis und ein in die Tiefe gehendes Glossar machen »Professionell gestalten mit PageMaker« zu einem hervorragenden Nachschlagewerk.
Bestell-Nr. 90584
ISBN 3-89090-584-6
DM 69,–
(sFr 63,50/öS 538,20)

M. Breuer
Das PageMaker-Praxis-Buch
1988, 410 Seiten
Eine kompakte Einführung in die Bedienung von PageMaker. Vermittelt Grundsätzliches über die Typografie und die Gestaltung von ästhetisch ansprechenden Druckvorlagen.
Bestell-Nr. 90530
ISBN 3-89090-530-7
DM 69,–
(sFr 63,50/öS 538,20)

J. Zechmeister-Schels
Ventura-Publisher-Praxis
1988, 272 Seiten,
inkl. Diskette
Im Abschnitt »Praxis mit Ventura Publisher« erhalten Sie die Kenntnisse für die Bedienung des Programms. Funktionen und Techniken werden Ihnen ausführlich und verständlich erklärt und die Vielzahl der gestalterischen Möglichkeiten überschaubar dargestellt. Strukturen und Methoden erlernen Sie anhand praktischer Beispiele.
Bestell-Nr. 90531
ISBN 3-89090-531-5
DM 69,–
(sFr 63,50/öS 538,20)

Markt&Technik
Zeitschriften · Bücher
Software · Schulung

Markt&Technik-Produkte erhalten Sie bei Ihrem Buchhändler, in Computer-Fachgeschäften oder in den Fachabteilungen der Warenhäuser.

804389

Markt&Technik Verlag AG, Buchverlag, Hans-Pinsel-Straße 2, 8013 Haar bei München, Telefon (089) 4613-0

WORDPERFECT 4.2
Einführung + Referenz

Ungewöhnlich: Kurstext zur Einführung und Befehlslexikon für später durch Gliederung in 64 Module. Dieses Buch behalten Sie in Griffweite Ihres PC. Alle Befehle werden kurz nach Funktion, Aufruf und meist in Musteranwendungen vorgeführt. Zeigt das "WordPerfect Lexikon" und Systeminformationen wie zu Dateikonvertierung, Druckeranpassung, Makroprogrammierung, Unterschiede zwischen Version 4.1/4.2

WORDPERFECT 4.2
Einführung + Referenz
von J. Gold
450 Seiten, Hardcover, DM 69,–

te-wi Verlag GmbH
Telefon 089/1292090

Theo-Prosel-Weg 1
8000 München 40

MS WINDOWS 2.0: Einführung + Referenz

Ein Text in 69 Modulen. Lesbar in empfohlener Reihenfolge eines WINDOWS-Kurses zur Einführung! Lesbar wie ein WINDOWS-Lexikon durch alphabetische Befehlsdarstellung! 3stufiger Aufbau: Befehlserklärung zur schnellen Orientierung. Befehlsaufruf über Tastatur und Maus. Musteranwendung zur Demonstration.
Auch als Einführung für WINDOWS/386 geeignet.
Für WINDOWS 1.0-Benutzer bleibt der Vorgängertitel "WINDOWS" zu empfehlen.

Von Whitsitt/Bryan
496 Seiten, Hardcover, DM 79,–

PC.SOFTWARE: MS DOS, Wordstar, Multiplan, dBASE

Die Software-Grundausstattung aller PCs in einem Buch! Praxisnahe, leicht lesbare Darstellung aus der Lehrerausbildung! Zeigt die Übergänge zwischen den 4 Programmen.

Von Dr. Wolfgang Becher
336 Seiten, Softcover, DM 59,–

GELD + TASCHENCOMPUTER
Wie man Geldfragen auf Taschencomputern löst

Hier erstmals ein Buch für alle Geldkunden, zu allen Geldfragen: Auto, Kredit, Immobilie, Preise, Rechnungen usw. usw. In 5 Minuten eigenständig Elster's Formeln in einen Taschencomputer für 350,– eingeben lernen – und Durchblick gewinnen!

Von H. Elster
256 Seiten, Hardcover, DM 49,–

MS DOS: EINFACHE ZUGÄNGE

Das Buchkonzept: MS DOS-Auswahl für den Alltag, unorthodoxe Erklärungen für Erstanwender, sofort anwendbare Befehlszeilen für Ungeduldige, schnelles Nachschlagen durch moderne Desktop-Textgestaltung. An IBM PC und Schneider PC erprobt.

Von Robert Fürst
176 Seiten, Softcover, DM 39,–

---

te-wi Verlag GmbH
Telefon 089/1292090

tewi

Theo-Prosel-Weg 1
8000 München 40

Ein komplettes VENTURA 1.0/1.1-Handbuch!
Es behandelt alle wichtigen Themen zu Installation, GEM-Bedienoberfläche, Grafik- und Textübernahme aus anderen Programmen, Fotoübernahme von Scannern, Druckerausgabe auf wichtige Laserdrucker, Einsatz der Typographie, Muster-Druckvorlagen zur Übung/Weiterverwendung usw. Hervorragend gestalteter Text für Erstbenutzer; sachkompetenter Text zum Nachschlagen.

VENTURA PUBLISHER 1.1
Einführung + Referenz
von R.M. Hohol
464 Seiten, Hardcover, DM 79,–

---

te-wi Verlag GmbH
Telefon 089/1292090

Theo-Prosel-Weg 1
8000 München 40